Collection
Pays et gens de France

PAYS & GENS
D'Ile-de-France

Librairie Larousse
17, rue du Montparnasse, 75006 Paris

Sélection du Reader's Digest
212, boulevard Saint-Germain, 75007 Paris

SOMMAIRE

l'Essonne
les Hauts-de-Seine

Texte général d'Aurée d'Esneval
*Texte sur le maquilleur de cinéma
de Dominique Clerc*

De beaux villages, des donjons, des moulins (5)
Fête de la fraise et foire aux haricots (6)
Fruits et légumes vendus « à cueillir »... (8)
... Et des péniches chargées de blé (10)
Le maquilleur de cinéma (12)
Des coteaux, des parcs et des bois (15)
Anciens villages, quartiers résidentiels, cités industrielles (17)
Une région sportive et culturelle (19)
Travailler pour la capitale ? (19)

les Yvelines

Texte général d'Aurée d'Esneval
*Texte sur la reliure et la dorure sur cuir
de Dominique Clerc*

Un vaste parc à la française (3)
Du palais à la mansarde... de la cathédrale à l'église de village (5)
On pêche à l'ombre du Roi-Soleil ! (8)
Plaisirs de la terre ferme (9)
À cheval, à vélo... et à pied (11)
Une agriculture encore en fête (14)
Reliure et dorure sur cuir (16)
Les traditions ne meurent pas, elles se transforment ! (18)

la Seine

Texte général de Françoise Meaux Saint-Marc
*Texte sur le perruquier de théâtre
de Dominique Clerc*

Rive droite
Le Parisien et son quartier (2)
Les pavés de Paris (5)
Les « pays » de Paris (8)
Des actes de foi, des actes de joie ! (11)
Le perruquier de théâtre (14)
Paris, théâtre des nations (16)
La ville en vitrine et la ville secrète (18)
La croisée des chemins (20)

*Texte sur le lithographe de la rue Princesse
de Dominique Clerc*

Rive gauche
Paris « rond comme une citrouille » (23)
Du Quartier latin au faubourg Saint-Germain (25)
Des savants et des baladins (28)
Lithographe dans la pure tradition (32)
Des artistes et des artisans (34)
Des boulangers et des « bistrots » (37)
« Il n'est bon bec que de Paris » (38)

la Seine-et-Marne

Texte général d'Aurée d'Esneval
*Texte sur l'affineur de brie de Meaux
de Dominique Clerc*

Des forteresses de l'agriculture (4)
Une tapisserie médiévale (8)
La fête perdue et retrouvée (11)
Affineur en brie (14)
Les agriculteurs sont-ils encore des paysans ? (16)
L'artisanat : luxe ou défense d'un certain art de vivre (17)
Le livre d'or des gourmands (19)

la Seine-Saint-Denis
le Val-de-Marne

Texte général d'Alain Duret
*Texte sur le sculpteur sur bois d'Alfortville
de Dominique Clerc*

Cités d'urgence et pavillons rococo (2)
Bals corses, fêtes occitanes, musique maghrébine (5)
De Garonor au marché aux puces (6)
Agriculteurs, universitaires, ouvriers (10)
Du côté de Nogent... (14)
Le sculpteur sur bois d'Alfortville (16)
... Et des grosses fermes de Brie (18)

le Val-d'Oise

Texte de Simone Bulteau
*Texte sur la restauration de tapisserie
de Dominique Clerc*

La lumière du pays de France (3)
Pourquoi une ville nouvelle ? (6)
Des forêts, de grandes cultures et de hauts immeubles (8)
Des clochers romans dans l'infini des champs de blé (9)
De l'argile, du gypse et des plâtres (11)
La restauration de tapisserie (14)
Maréchal-ferrant, soigneur et tonnelier (17)
Des jeux de force, des jeux d'adresse (19)
Fête païenne, fête chrétienne (20)

Notre couverture :

Un édicule bien parisien :
la fontaine Wallace.
Phot. Bonnemaison-Pix.

*Les cartes des départements
se trouvent en fin de volume.*

Errata
Paris, rive droite, page 14 : au moment où nous mettons sous presse, nous apprenons que la maison Bertrand a cessé ses activités. Toutefois, la tradition de l'artisanat de la perruque de théâtre est maintenue dans les ateliers Denis Poulin, qui ont accueilli l'équipe technique et le patrimoine de la maison Bertrand.
La Seine-et-Marne : la photo des pages 6-7 représente le petit bourg de Montigny-sur-Loing ; page 14, les photos sont signées S.R.D.-R. Mazin ; page 15, la photo du bas et la photo du haut à droite sont signées S.R.D.-J.-P. Germain, la photo du haut à gauche est signée S.R.D.-R. Mazin.

De l'Île-de-France

à Francis Jammes

Vous LE SAVEZ, *Francis, aimant l'Île-de-France, qu'une ville, un pays, décoré d'un beau nom, bien mieux que ses voisins nous fait des confidences, et que ce beau nom-là doit se joindre à ses dons.*

La forêt de Crécy que je vais traverser pour me rendre à Mortcerf — son doux nom prononcé me flatte l'ouïe ainsi qu'un vol de fées qui glisse de saule en saule et puis autour d'un chevalier dormant près d'une source aux bleus myosotis.

Tout d'abord un pays doit charmer par son nom. Sans quoi vous ne serez jamais d'intelligence avec lui. Vous, Francis, aimez l'Île-de-France. À votre joli nom son beau nom se fiance et votre art et vous-même ajoutez à ses dons.

Qu'il bat mon cœur, aux noms de Nemours, de Senlis, quand je les murmure, oh! quel noble plaisir! Senlis, Nemours, tenez... je m'agenouille presque. O Nemours, tout douleur, ô Senlis, tourterelles et lys, adieu, beaux noms chantants! Je me donne à présent, j'appartiens à Mortcerf.

Mortcerf, le son du cor et tout l'automne en fresque. — Mais ce n'est pas l'automne encore? — Haut le bâton, j'ai pris le blanc chemin de Mortcerf au beau nom.

Paul Fort

(Extrait des *Ballades françaises, les Beaux Noms,* Librairie Ernest Flammarion)

l'Essonne

Terre de transition entre la banlieue complètement urbanisée
et l'immensité des étendues agricoles

MOINS RICHE en vastes forêts que d'autres régions d'Île-de-France, l'Essonne ne déçoit pas, cependant, l'amateur de verdure. Elle compte en effet la forêt de Sénart — en grande partie intégrée au périmètre de la ville nouvelle de Melun-Sénart —, celle de Dourdan, qui prolonge celle de Rambouillet jusque dans le département des Yvelines, le bois de Milly et une très modeste partie de la forêt de Fontainebleau... Quant au Hurepoix, il conserve des boqueteaux de hêtres et autres arbres protecteurs ; c'est un plateau continuellement interrompu par de petits escarpements où se sont installés châteaux forts, villages, fermes fortifiées. La Beauce elle-même, au sud d'Étampes, est profondément entaillée par les vallées de la Juine et de la Chalouette ; des peupliers font leur apparition sur l'argile recouvrant le limon beauceron, quelques étangs apportent leur humidité entre les rideaux d'arbres. Aux environs de Méréville, le contraste est frappant pour le promeneur, qui passe brutalement d'un paysage de vallée au plateau le plus austère, le plus monotone, le plus dépourvu d'arbres. Car la ferme de Ménessart, près de Méréville, est exactement la ferme beauceronne, dans la nudité de sa cour entourée de bâtiments, sans bosquet ni jardin, isolée dans ses terres.

△ *Près du lac de Courcouronnes, à Évry ville nouvelle, une sculpture, la Dame du lac, œuvre de Pierre Szekely, joue à la fois le rôle d'élément esthétique et de rocher d'escalade ; les prises ont été conçues de façon que des sportifs de tous les niveaux puissent s'y entraîner.*
Phot. Pratt-Pries-Diaf.

△ *Dans la cour du château de Dourdan, reconstruit en 1220 par Philippe Auguste, a pris place une statue du sculpteur contemporain Chauvel.*
Phot. J. Guillard-Scope.

▷ *Dans les villes, comme ici à Boussy-Saint-Antoine, de beaux parcs s'offrent aux promenades des citadins.*
Phot. Papin.

L'Essonne est surtout un département de transition entre une banlieue complètement urbanisée et les plates étendues agricoles qui précèdent Chartres. De nombreuses rivières donnent au Hurepoix sa gaieté ; vers Arpajon et Dourdan, l'Orge, où se jette la Renarde, et, plus au nord, la Rémarde forment tout un réseau chantant de ruisseaux et de ruisselets bien peu beaucerons. D'autres rivières relient le département à celui des Yvelines ; la Bièvre, au nord, et l'Yvette viennent jouer un air de flûte au beau milieu de ce que l'on appelle souvent un haut lieu scientifique, depuis l'extension de Palaiseau et de Saclay. Quant à la Seine, si largement ouverte à la navigation, ne vient-elle pas aussi humaniser une région de plus en plus industrielle, entre Évry et Corbeil ? L'Essonne, qui se jette dans la Seine, a commencé par introduire dans tout le sud-est du département ses beaux accords champêtres. L'École, vers la frontière avec la Seine-et-Marne, est encore une magicienne redisant une très ancienne harmonie entre la terre, le sable, l'eau et la forêt. Le Tertre blanc, à Soisy-sur-École, est le lieu privilégié qui permet de saisir que nous ne sommes plus en Hurepoix, mais déjà dans le Gâtinais ; car, aux confins de la forêt de Fontainebleau, Milly et Courances nous introduisent dans une autre région dont l'Essonne ne possède qu'une bien petite partie. Comme elle possède bien peu, également, de la grande Brie entre la Seine et sa propre limite ; région presque entièrement occupée par la vallée de l'Yerres et la forêt de Sénart, région où les grandes étendues céréalières briardes se voient refuser leur espace. Aussi a-t-on tendance à assimiler le département au Hurepoix, parce que la Beauce y est souvent trop peu beauceronne, mais aussi parce que Gâtinais et Brie y tiennent une place trop effacée.

Au fil des saisons, les paysages jouent une harmonie de sons et de couleurs : chutes d'eau aux abords d'anciens moulins, crissement des champs de blé mûrs, de maïs, puis sifflement des arbres au vent d'hiver ; silencieuse, la betterave s'assoupit jusqu'à l'arrachage ; et des damiers bien sages de beaux légumes transforment la région d'Arpajon et de Montlhéry en un

le crocus

Les crocus, dont on compte soixante-dix variétés, sont devenus les premières fleurs que l'on voit éclore à la fin de l'hiver dans les jardins privés ou publics, sur les pelouses ou les rocailles.

▽ *Le moulin de Jarcy, aujourd'hui transformé en restaurant, dépendait autrefois d'une abbaye fondée au XIIIe siècle et détruite à la Révolution.*
Phot. J. Guillard-Scope.

les poissons rouges

Les poissons rouges sont les hôtes privilégiés des nombreux bassins et des pièces d'eau des parcs de la région parisienne. Ils se reproduisent facilement à partir de 3 ans et peuvent vivre jusqu'à 25 ans, atteignant la taille de 40 cm, aussi les voit-on, par bancs entiers, suivre le passant qui se promène sur le bord.

l'Essonne, les Hauts-de-Seine

4 l'Essonne, les Hauts-de-Seine

vaste jardin potager où, parfois, des cultures sous plastique se font l'écho d'une civilisation de type industriel. Bien vite, cependant, à moins de 20 km de Paris, à Crosne par exemple, à Saulx-les-Chartreux, on se sent dans un vrai village ; et l'on péut ensuite marcher pendant des heures à travers la campagne.

De beaux villages, des donjons, des moulins

Les maisons, en Essonne, échappent aisément à cette monotonie qui caractérise celles de la proche banlieue. Depuis le Moyen Âge, les villages, avec souvent un donjon seigneurial à proximité, se sont juchés sur des buttes, la dénivellation brusque transformant le moindre accident de terrain en colline. Seules les larges étendues de la Beauce, au sud du département, n'offrent pas ces contrastes, contrastes si habituels en Hurepoix que le moindre espace de culture un peu ouvert et plat y est appelé « petite Beauce » ; ainsi, dans la région de Saint-Chéron et de Villeconin, les fermes sont immenses et les champs qui les entourent les isolent souvent des villages ; nous sommes cependant toujours en Hurepoix. Au contraire, en pleine Beauce, le long des vallées de la Chalouette et de la Juine, les bourgs comme Chalo-Saint-Mars et Méréville n'ont rien de l'habitat beauceron ; maisons et fermes de ces vallées très humides sont souvent disséminées le long de la rivière.

Situées dans les villages ou à l'écart, les fermes sont généralement regroupées autour d'une cour carrée ou rectangulaire. L'habitation du fermier est encadrée par des bâtiments assez bas, écuries, étables, que la grande culture de la région a peu à peu transformées en hangars, où de puissantes machines témoignent d'une exploitation importante. L'araire, le puits d'autrefois ont généralement disparu ; les fermes attenantes à des châteaux, ou celles construites après la Révolution, ont souvent un colombier, tour ronde servant maintenant de bâtiment, rarement de pigeonnier.

Ces constructions appartiennent à toutes les époques ; l'agriculture et l'élevage nécessitaient déjà, au Moyen Âge, d'importantes installations dans une région qui a toujours été aux mains de gros propriétaires. De la ferme fortifiée flanquée de tourelles — comme celle de Saint-Cyr-sous-Dourdan — à celle du XIXe siècle, plus fonctionnelle que les forteresses du passé, beaucoup d'entre elles ont résisté aux assauts du temps ; conservant leurs tuiles plates (malgré quelques fâcheuses réparations en tuile mécanique) et leur porte charretière, leur grange à belle charpente, leur maison de maître souvent construite en grès, elles représentent un patrimoine artistique de grande qualité.

Tant que blé et maïs pousseront sur les terres limoneuses de l'Essonne, le cadre traditionnel de ces cultures subsistera et les pierres continueront à vivre. Au contraire, la mécanisation a tué les moulins à vent dès la fin du XIXe siècle. Quant aux moulins qui jalonnaient les nombreuses rivières du département, ils ont souvent été conservés ; ainsi, résidences secondaires et restaurants font admirer avec fierté des roues et un système de vannes en parfait état. Plus pragmatiques, des industries ont choisi d'utiliser l'ancien mécanisme pour des besognes nécessitant peu d'énergie, réservant leur moteur à d'autres opérations... et aux basses eaux ; c'est le cas, à Maisse, pour le moulin Saint-Éloi, pour celui de Granville au Val-Saint-Germain. Ces moulins datent généralement du XIXe siècle et leur

◁ *Chalou et Moulineux forment, depuis la Révolution, une seule et même commune, Chalou-Moulineux, dont les habitants vivent, pour certains, de l'agriculture, tandis que d'autres vont travailler à Étampes.*
Phot. Larrier-Rapho.

▽ *Le 11 novembre, chaque commune commémore l'armistice qui mit fin, en 1918, à la Première Guerre mondiale.*
Phot. Weiss-Rapho.

◁ *À Étampes, de vieilles maisons se mirent dans l'eau : cette ville a été construite là où la Chalouette et la Louette se rejoignent pour former la Juine.*
Phot. Bouillot-Marco Polo.

construction, en meulière recouverte d'enduit ou en brique, n'a pas le charme de modèles plus anciens, attrayants pour les touristes, sur les bords de l'Yerres notamment. Peut-on regretter cette permanence des industries anciennes dans leur cadre d'autrefois quand on voit l'imposante masse des Grands Moulins de Corbeil, toujours en activité ? Même si, d'un point de vue d'esthète, les moulins à vent reconstitués pour le plaisir du touriste à Viry-Châtillon et à la base de loisirs d'Étampes ont plus de valeur.

Quant aux lavoirs soigneusement remis en état par les municipalités, ils évoquent, au bord de bien des rivières, une tradition révolue depuis l'installation de l'eau courante dans les maisons. Dans certains bourgs du Gâtinais — à Milly, à Courances —, une partie de la population préfère utiliser ces installations collectives, obéissant à un souci d'économie ou, peut-être, au désir de redécouvrir tout un style de vie plus proche de la nature et d'une tradition ménagère campagnarde.

L'Essonne ne manque pas de nobles demeures, à en juger par les châteaux de Chamarande, de Villeconin, du Marais — pour ne citer que quelques-uns d'entre eux —, ouverts au public ; mais les maisons paysannes témoignent, elles aussi, d'un passé toujours actuel. Dans tout le sud du département, de beaux toits de tuile plate, bien pentus, pour favoriser l'écoulement des pluies, donnent des airs de manoirs à de modestes logis ; sur la pierre meulière de la région, un enduit beige ou rose chante souvent de douces harmonies chères à l'Île-de-France, même s'il a mal résisté au climat humide ou si, au contraire, il est encore trop neuf après une rénovation respectueuse du terroir essonnien. Jusqu'au XVIe siècle, beaucoup de ces maisons ne comportaient qu'un étage ; dans les siècles suivants, de riches bourgeois ont bâti à plusieurs étages. Ainsi, des logis de différentes époques accotés les uns aux autres avec des hauteurs différentes constituent des ensembles anciens d'une parfaite harmonie, et sans aucune monotonie. Si, surtout dans le nord, la meulière est généralement utilisée, au sud le grès fait son apparition, enrichissant les encadrements de portes et de fenêtres, donnant même un caractère aristocratique à certaines maisons de ferme.

Nous avons aisément la possibilité de revivre la beauté des villages d'autrefois, découvrant des pignons élégants, des escaliers à balustres de bois du XVIe ou du XVIIe siècle, des cours dallées avec leurs anciennes bornes. En ce qui concerne le mobilier, il faut faire un effort d'imagination ; les bahuts, les armoires solides et sobres, les tables épaisses qui constituaient le décor de la vie paysanne essonnienne ont été dispersés un peu partout en France, chez des particuliers, chez des antiquaires.

Si nous nous sentons encore un peu dans une région médiévale en parcourant le sud du département et même, parfois, le nord, nous le devons à la permanence d'églises anciennes, mieux respectées encore que l'habitat agricole. Généralement au centre du village, elles ont peu souffert de l'urbanisation. En pierre meulière recouverte de crépi, en grès au sud, comme les maisons, elles conservent leur simplicité de campagnardes jusqu'aux confins de la Petite Couronne.

Fête de la fraise et foire aux haricots

Les églises, dont la plupart sont fermées en semaine, s'animent pour les offices du samedi et du dimanche ; mariages, communions réunissent sur le parvis une grande partie de la population. C'est une occasion pour les touristes d'admirer, par exemple, les souches de cierges des pèlerins de Sainte-Julienne au Val-Saint-Germain, moins aisément visitable en semaine que la célèbre église de Saint-Sulpice-de-Favières. Ces jours-là, des communautés aux intérêts divers, aux modes d'existence parfois très différents ont l'occasion de se retrouver ; les occupants des résidences secondaires et des maisons-dortoirs se mêlent aux gens du cru.

Les marchés et diverses fêtes regroupent également la population. Là où d'anciennes halles à la belle charpente de bois ont été conservées (comme à Arpajon, à

▽ *Stands, expositions, défilés, manifestations artistiques... c'est le vendredi de la troisième semaine de septembre que s'ouvre à Arpajon la célèbre foire aux haricots, créée en 1922. Le samedi, un concours gastronomique met à l'honneur les fameux chevriers, dont l'histoire remonte aux années qui ont suivi la guerre de 1870. Gabriel Chevrier, un cultivateur de Brétigny-sur-Orge, était spécialisé dans leur culture ; mais il se limitait à une variété destinée aux conserves, pour lesquelles il fallait des grains verts. À force de sélection, il mit au point une variété qui répondait à cette exigence.*
Phot. D. Lérault.

Phot. D. Lérault.

Milly ou à Méréville), ces manifestations expriment une permanence du passé, véritable défi aux pires pronostics des sociologues sur la région parisienne. Le jour du marché hebdomadaire de villes comme Étampes, la fidélité de la clientèle villageoise permet de maintenir un service de cars, jugé, en temps ordinaire, peu rentable par les compagnies. Ces cars constituent d'ailleurs le seul lien des personnes isolées avec un monde urbain à la fois moderne et traditionnel : on y remercie le conducteur en descendant, on y «cause» entre voyageurs et vieux habitués, les nouvelles du pays y circulent !

Lors des diverses foires, foire aux haricots d'Arpajon, foire à la tomate de Montlhéry, les visiteurs viennent découvrir le dernier cri en matière d'habitat ; ces grandes manifestations commerciales restent, cependant, très rurales ; les expositions avicoles, horticoles, les stands de matériel agricole y suscitent toujours le même enthousiasme, phénomène encourageant pour des associations particulièrement actives, comme l'Entente avicole de l'Essonne. À cette occasion, fanfares, défilés de majorettes, bals, stands forains se répartissent une assistance importante et de tous les âges. Quant au concours gastronomique de la foire aux haricots, il attire même certains des plus grands restaurateurs parisiens.

Chaque petite ville entend maintenir ses traditions : ainsi, Marcoussis est fière de sa fête de la fraise et de son carnaval ; Mennecy n'oublie pas, chaque année, de faire sauter un hareng, surprenante coutume de son carnaval ; Marolles-en-Hurepoix organise toujours un cortège médiéval ; Étampes, à juste titre, s'enorgueillit de son festival de musique ancienne, suivi d'une journée d'animation où une partie de la population défile en habits d'autrefois ; Montlhéry ne renoncerait pas, pour un empire, à ses courses automobiles, Vigneux-sur-Seine à ses joutes. Chaque village veut avoir sa fête, et la plupart de ces fêtes mériteraient d'être signalées.

D'autres activités viennent s'ajouter aux manifestations traditionnelles : foire à la photo à Bièvres (qui n'est plus la ville de la fraise, mais celle de Nadar) ; foire à la brocante un peu partout. Car les Parisiens ont, peu à peu, transformé les mentalités : sur chaque marché voisinent des stands aussi disparates que ceux de fripiers, de marchands de cartes postales, de légumes biologiques et de produits du terroir... Des traditions oubliées, des élevages abandonnés renaissent sous l'influence d'une clientèle avide de couleur locale ; et le marché, la fête deviennent un lieu privilégié de retour au passé, avec le concours de toutes les communautés. Ainsi, à la foire aux haricots, chacun présente le fruit de ses activités, et les immigrés ne se tiennent pas à l'écart, puisque les Portugais montent un spectacle folklorique.

Bien des châteaux, après une période d'assoupissement, sont prétexte à des animations dans un tout autre esprit que sous l'Ancien Régime. Sur le plan des musées et des centres culturels, on fait également un effort de rénovation. Chaque Essonnien peut trouver sur place des activités qui l'intéressent, et celui qui n'est guère porté sur les arts ne manque pas de sports à pratiquer.

Le passe-temps le plus communément pratiqué, le plus traditionnel, reste la pêche. Le long des rivières et des plans d'eau qui ont envahi d'anciennes carrières, on attend patiemment que le poisson morde à l'hameçon. De jeunes garçons, des enfants font souvent concurrence à leurs aînés. Dans les cafés, à l'heure de l'apéritif, les conversations roulent bien souvent sur les exploits de chacun. Et, si un touriste curieux s'enquiert de la nature et de la localisation du gibier, on lui répond évasivement... De la truite au brochet, du chevreuil au faisan, tous les espoirs sont permis.

◁▷ *À Montlhéry, la foire à la tomate, le deuxième dimanche de septembre, attire un grand nombre d'exposants et de marchands forains. Bien que les cultures maraîchères aient reculé face à une intense urbanisation, le canton de Montlhéry consacre encore plusieurs centaines d'hectares à la culture de légumes dits «de plein champ» et «maraîchers» ; la proximité de Paris a favorisé, très tôt, cette spécialisation.*

Phot. D. Lérault.

l'Essonne, les Hauts-de-Seine 7

Ce goût des distractions tranquilles se manifeste jusque dans les villes nouvelles ; à Évry, le petit train du bois de Saint-Eutrope plaît aux enfants ; mais les moins jeunes préfèrent passer un dimanche à pêcher sur le canal, près de la route de Montlhéry, dans ce coin de la ville qu'aucun dépliant touristique ne signale aux consommateurs de loisirs. Et que dire du jardinage ? La Société d'horticulture et des jardins populaires de France possède un siège à Corbeil et des sections un peu partout, en particulier à Méréville. Melun-Sénart dispose d'un espace entièrement consacré à des jardins de ce style, concession des pouvoirs publics à une passion bien française aussi indéracinable que les modestes carrés potagers au bord des voies ferrées. Et, jusque dans les villes, poireaux et choux résistent aux perfides entreprises immobilières, continuant à monter la garde à Corbeil, à Melun et, bien entendu, sur les rives de l'Orge, au centre d'Arpajon.

Les jeunes rient peut-être de cette occupation de gens sages, cherchant, le week-end, à s'échapper du domaine familial vers la capitale ; car les distractions nocturnes sont parfois rares dans les villages et dans les petites villes, où les cafés ferment tôt. À l'exception du nord du département et du sud, avec Étampes, les cinémas manquent. Pour ces amateurs de distractions urbaines, le bonheur dépend surtout des moyens de transport les reliant à Paris et du privilège que constitue le fait d'avoir un véhicule personnel. Cette attraction — qui a toujours existé — de la grande ville sur les « provinciaux » tend à jeter le discrédit sur les richesses du terroir essonnien. Heureusement, les Parisiens, avides de campagne, rendent justice à un département cher aux écologistes comme aux amateurs d'art.

Fruits et légumes vendus « à cueillir »...

Il est courant de prédire, en Île-de-France, la fin des métiers de la terre ; le début du siècle a, en effet, vu bien des départs de ruraux vers la ville, la mécanisation entraînant — surtout depuis l'après-guerre —, une réduction de la main-d'œuvre agricole. Les petites fermes ont disparu et l'esclavage que représente la traite des vaches est de plus en plus mal supporté par les éleveurs. C'est à peine si l'on garde quelques moutons ou quelques bœufs charolais pour brouter l'herbe là où l'on ne peut labourer à cause des arbres. Quant à la culture, elle se fait intensive et industrielle : engrais, traitements insecticides y sont dispensés scientifiquement. Les fermiers ou les propriétaires, exploitant 100 ha au minimum, habitent toujours les fermes anciennes, mais ce ne sont plus des paysans, pas plus que le personnel, très limité, qu'ils emploient. Ces ouvriers et leur patron ne vivent pas au rythme des saisons comme autrefois ; aussi assistons-nous à une contradiction de plus en plus fréquente entre le métier exercé et le style des loisirs. Ce sont les habitants des maisons bourgeoises qui cultivent avec amour leur jardin, pour se reposer d'un métier qui les éloignent de la nature. Ce sont aussi les « cols blancs » fatigués d'une semaine citadine qui savent profiter au maximum d'une randonnée à travers champs où le blé mûrit. Certains cultivateurs, eux, prennent leur véhicule pour se distraire en ville dès le travail terminé.

Autre contradiction : c'est au nord du département, dans la partie la plus industrialisée, et aux abords des villes que l'on trouve les plus petites fermes pratiquant

▷ *Les célèbres halles de Milly-la-Forêt, en bois de châtaignier, ont fêté leur cinquième centenaire en 1979. Elles furent édifiées à l'initiative de France Mallet de Graville, seigneur de la ville, qui fit aussi remanier le château du XIIe siècle.*
Phot. Bouillot-Marco Polo.

△ *Ville natale d'Hugues Capet, Dourdan, la capitale du Hurepoix, a conservé le charme des villes anciennes. Les rues étroites portent des noms pittoresques : Haute-Poterie, l'Abreuvoir, la Geôle, Petit-Croissant.*
Phot. Bouillot-Marco Polo.

l'élevage de quelques vaches, volailles et lapins. Lait, œufs et autres produits sont vendus directement à la clientèle des maisons-dortoirs et résidences secondaires. Cette vente directe ne peut être rentable que dans des régions fortement urbanisées ; les touristes du dimanche font, eux aussi, marcher le commerce, repartant la voiture pleine de victuailles ; les plus méfiants se glissent dans la basse-cour pour vérifier la présence de poules pondeuses et, ainsi, l'origine de leurs achats.

Plus la localité est pittoresque, plus la ferme a des chances de survivre et, même, de prospérer ; ainsi, à l'entrée de Crosne, dans la vallée de l'Yerres, nous apercevons des vaches et, non loin, un point de vente de produits fermiers.

Ce style de relation directe avec le consommateur se développe le long des routes ; on y annonce même fruits et légumes *à cueillir soi-même,* méthode supprimant les frais de main-d'œuvre tout en procurant aux

▽ *La vie quotidienne, c'est aussi celle des cafés ; les habitués se connaissent ; nul besoin, pour le « patron », de demander aux clients ce qu'ils désirent, il connaît le goût de chacun...*
Phot. Bastide-Rapho.

automobilistes une activité de plein air ! Près de Maisse, on propose même ainsi la cueillette de mûres cultivées ; près de Marcoussis, des fraises ; un peu partout, haricots et pois. Souvent récentes, ces cultures se font en dehors de l'habitat rural traditionnel ; de même, les fermes de petit élevage sont rarement installées dans les grandes cours anciennes. Les traditions ne meurent pas, elles changent de décor pour se transformer.

Plus stables, quoique en régression, les maraîchers de la région d'Arpajon et de Montlhéry continuent en famille leur patient labeur. Au fil des saisons, tous les légumes se succèdent, les plus classiques comme les plus inusités, futures gloires des expositions agricoles de Montlhéry et d'Arpajon. Les horticulteurs, depuis des générations, maintiennent aussi leurs serres, souvent proches de Paris, souvent modernisées en tunnels de plastique. Les glaïeuls se développent un peu partout, mais les terres légèrement sableuses du Gâtinais leur conviennent particulièrement bien, comme elles conviennent à toutes les plantes à bulbe. En Brie, rosiers et orchidées s'accommodent d'une terre plus argileuse et humide. Aucune de ces cultures n'est stable, et la tradition dans ce domaine pourra toujours évoluer selon la mode et les impératifs du marché.

▽ *Tout près de Paris, la campagne est présente : dans la région d'Étampes, plusieurs horticulteurs cultivent de nombreuses variétés de fleurs, à couper ou en pot.*
Phot. J. Guillard-Scope.

L'Arpajonnais, tortillard transportant vers la capitale les produits du terroir essonnien, a disparu ; mais, à Rungis et sur les marchés locaux, l'on vend encore du cresson que le cressonnier a coupé à la main, les pieds dans l'eau comme autrefois. L'histoire ne tourne pas la page aussi vite qu'on le penserait ; tout en se transformant, parfois en se déplaçant de quelques kilomètres, les laboratoires d'expérimentation horticole de Verrières-le-Buisson, Brétigny-sur-Orge, Bruyères-le-Châtel évoquent encore la gloire de grands horticulteurs aux maisons toujours actives.

... Et des péniches chargées de blé

Quant aux industries alimentaires, elles témoignent d'une tradition agricole fermement enracinée : comme dans le passé, les péniches viennent livrer le blé aux Grands Moulins de Corbeil. En dépit de la mécanisation de la fabrication des produits et de leur transport, le métier de marinier reste un des plus vieux du monde ; ceux qui l'exercent sont plus attachés à leur milieu de vie que bien des agriculteurs. Menacés par la crise actuelle de l'énergie et par la concurrence des transporteurs par rail ou par route, ils s'accrochent à leurs coutumes, se marient souvent entre eux et refusent de se recycler dans d'autres activités.

Moins pittoresques, les papetiers et imprimeurs maintiennent leurs installations sur l'emplacement d'un moulin à papier du XIVe siècle. Les techniques ont changé, mais Darblay est toujours là ; c'est aussi la région où un collaborateur de Didot, Nicolas-Louis Robert, a, au XIVe siècle, inventé la première machine à papier « en continu », permettant la mécanisation d'une fabrication auparavant manuelle. Le département n'a-t-il pas été un lieu propice à des inventions qui ont marqué leur époque, le voisinage de la capitale suscitant l'installation d'ingénieurs ? Et les technologies de pointe autour de Saclay, Orsay et Palaiseau, puis, plus récemment, à Évry, ne sont-elles pas, finalement, en continuité avec la vocation essonnienne ?

Sans vouloir prédire l'avenir de l'artisanat, tâche trop délicate dans cette société de crise qui se cherche, on peut, cependant, constater l'attachement de beaucoup aux techniques traditionnelles de construction. Les nouveaux venus, les Parisiens, ont probablement contribué à ce goût retrouvé des maisons anciennes ou à l'ancienne. Maintenant, un peu partout, la tuile plate est préférée à la tuile Montchanin, le crépi au ciment, le bois au métal ; chacun veut posséder une cheminée et les tas de bûches s'abritent sous l'auvent de bien des cours. Dans ces conditions, malgré les difficultés de l'entreprise, les artisans d'autrefois — maçons, menuisiers, couvreurs — ne semblent pas aussi menacés qu'on aurait pu le craindre.

Cette permanence explique le retour de certaines techniques que l'on aurait pensé oubliées ; ainsi, à Dourdan, entre autres artisans, s'est installé à l'atelier de la Dragonne un céramiste spécialisé dans les épis de faîtage. À Villabé, hameau de Villoison, le sculpteur animalier François Melin travaille le bronze comme les anciens maîtres. À Soisy-sur-École, on souffle le verre comme à Murano, employant le même sable... qui est, en fait, celui de Fontainebleau. Dans l'ancienne ferme de Ris-Orangis, des artisans se sont également installés récemment.

En achetant place du Marché, à Milly, non loin d'une belle halle ancienne, quelque préparation à base de menthe, nous ne sommes plus des consommateurs, nous devenons des adeptes d'une religion du terroir. Peut-on en dire autant de toutes nos découvertes sur les marchés locaux en constatant la réapparition de chèvres à Saint-Vrain, mais aussi dans la région du Gâtinais, et celle du miel un peu partout? À nous de juger si chaque produit ressuscite réellement une tradition et est fidèle à sa réputation. Le pain d'épice au miel, le bouquet de fleurs séchées choisi sur le marché d'Étampes ou d'Arpajon, les légumes des maraîchers nous donnent plus de satisfaction que des achats similaires réalisés dans une grande surface. Et nous aurons appris les dernières nouvelles artisanales de la région.

Dès qu'il s'éloigne un peu de Paris, le touriste a le choix entre des menus particulièrement copieux — on y propose souvent plateau de fromages et dessert — et des repas plus élaborés consommés dans un cadre à la mode. À lui de choisir le coude-à-coude chaleureux ou le décor dit « rustique », qui est souvent plus citadin, voire même plus familier que rural !

Car nous sommes bien dans un département à deux visages, et à plus d'un titre — scientifique et industriel au nord, rural au sud —, mais aussi étrangement double dans ses nourritures terrestres. Quel contraste entre le gros haricot et la subtile menthe, entre un plat de résistance et un bonbon aux effets thérapeutiques, entre l'homme de terroir passant ses loisirs à Paris et le Parisien goûtant ses « week-ends » à la campagne ! ■

▽ *En Hurepoix, les fermes sont souvent isolées et de très belles proportions ; fermées par de hauts murs, elles s'organisent autour d'une cour centrale.*
Phot. Lieutier-Explorer.

◁ *La ferme fortifiée des Tourelles, à Saint-Cyr-sous-Dourdan, construite au XIVe siècle, forme avec les maisons du village et l'église un ensemble architectural particulièrement remarquable.*
Phot. J. Guillard-Scope.

le lit de berger

Ce lit de berger, que l'on suspendait dans les étables afin que le berger surveille, même la nuit, le troupeau, était utilisé il y a encore une trentaine d'années dans une ferme de la région de Dourdan. On trouve parfois des pièces similaires chez les brocanteurs et antiquaires de la région.

DANS UN STUDIO DE CINÉMA
Métamorphose sous un pinceau

Boulogne-Billancourt. La simple évocation de ces deux noms associés fait immédiatement surgir des visions d'automobiles, avec chaînes de montage et parcs à l'infini. C'est oublier un peu vite que l'autre vocation de cette cité gémellaire fut longtemps — et demeure — le cinéma.

De l'époque héroïque du muet jusqu'à nos jours, les studios de Billancourt servirent de cadre à de prestigieuses productions : le *Napoléon* d'Abel Gance, *la Grande Illusion, Le jour se lève, Casque d'or...* Actuellement, on y tourne de quinze à vingt films par an, sans compter les films télévisés.

Supérieurement équipés pour l'enregistrement, les studios se sont spécialisés dans la synchronisation et jouissent, entre autres choses, du monopole du doublage des films américains. L'un dans l'autre, les deux studios emploient un personnel permanent de quelque 300 personnes. Mais, autour de ce noyau fixe, de nombreuses professions gravitent dans l'orbite de chaque production cinématographique : maquettistes et décorateurs, pour l'élaboration et la construction des décors ; costumiers, responsables de la recherche des vêtements convenant à chaque acteur ; habilleuses, chargées d'aider les comédiens à se vêtir ; coiffeurs, maquilleurs, et tant d'autres. Chacun dans sa sphère, tous ces artisans concourent à une création. Travail d'équipe, un film est l'œuvre de tous, du réalisateur au plus humble des techniciens.

Attachons-nous à la journée d'un maquilleur. Bien avant l'heure du tournage, Régis Boudon arrive sur le plateau. Il sait exactement combien de comédiens il devra maquiller et dans quel style. Pour ne rien laisser au hasard, il a tenu précédemment une réunion de coordination avec le costumier, éventuellement avec le perruquier, et surtout avec l'éclairagiste. Très important, le problème de l'éclairage. Par son influence sur les couleurs, sur les volumes, il conditionne souvent la réussite d'un maquillage.

Dès que les comédiens pénètrent sur les lieux du tournage, Régis s'occupe d'eux, leur « fait » un visage selon les critères de la télégénie. Il accentue certains traits, en gomme d'autres qui paraîtraient inesthétiques sur l'écran. Fards, poudres et pinceaux à portée de la main, il travaille par touches rapides et sûres. Les conditions de travail ne sont pas toujours idéales. Mais, même si le confort est absent du rendez-vous, même si les petites contrariétés agaçantes s'accumulent, le plan horaire doit impérieusement être respecté. En

△ *Jean-Paul Blonday a été choisi pour incarner Léonard de Vinci en fonction de sa morphologie, de son âge et de son allure générale. Cette approche du personnage évite la pose d'onéreuses prothèses utilisées pour métamorphoser un visage en profondeur.*

▷ *Le maquilleur commence par étaler sur tout le visage une base très peu grasse et, éventuellement, un produit antitranspiration. On pose ensuite, avec une colle spéciale à postiche, la perruque et la barbe exécutées aux mesures du comédien. Puis vient le travail des rides d'après le principe du « plissé soleil » : l'acteur ferme fortement les yeux, faisant ressortir tous les plis de son visage. Alors, Régis imbibe d'un...*

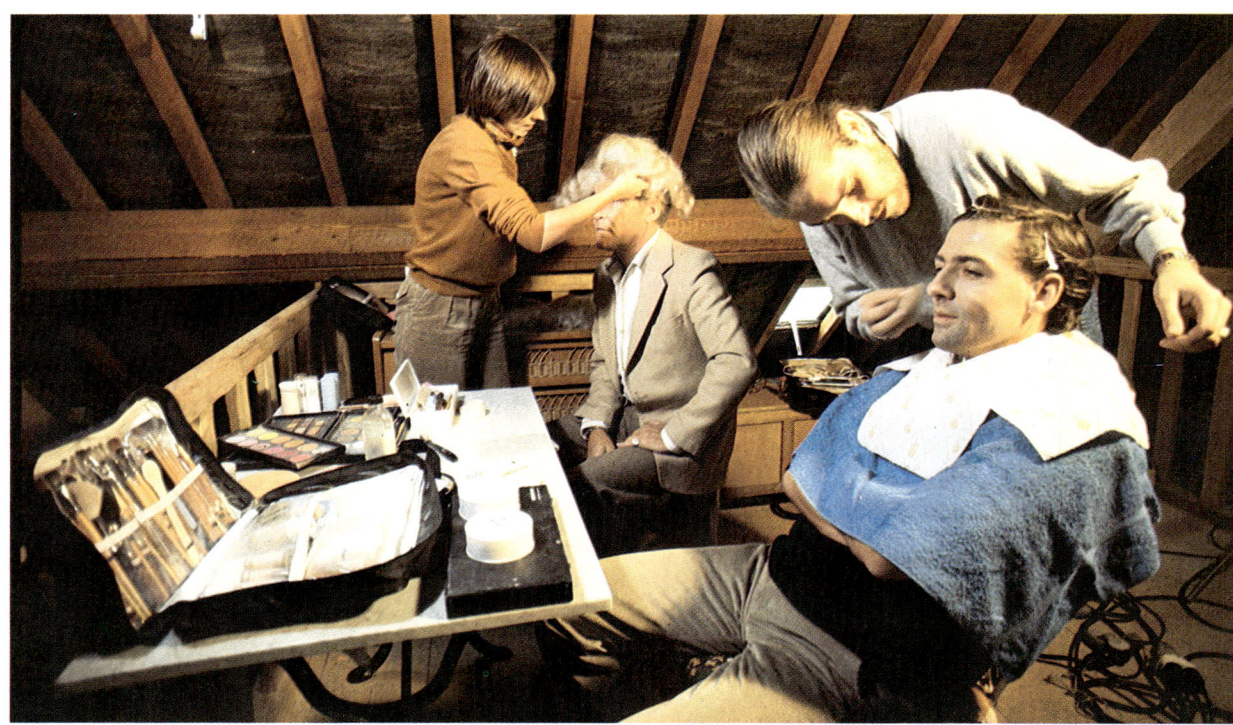

... fond de teint légèrement jaune une éponge qu'il appuie autour des yeux, sur le front et de part et d'autre de la bouche. Les rides se marquent ainsi naturellement. « C'est une question de volume, dit Régis, les tons foncés creusent. » Chaque ride est ensuite reprise au pinceau, marquée et dégradée pour éviter toute démarcation, à l'effet toujours disgracieux.

Photos R. Mazin-S.R.D.

principe. Car toute production comporte ses inévitables dépassements.

L'heure du tournage approche. Essais de cadrage, de prise de son et d'éclairage. Les comédiens maquillés gagnent le plateau, suivis de Régis qui vérifie son travail à la lumière des sunlights, estompe une ride ou la renforce, s'il le juge nécessaire.

« Moteur, on tourne ! » (Certains réalisateurs disent : « Action ! » — à l'américaine.) Seuls demeurent sur le *set* les comédiens indispensables. Pendant qu'enregistre la caméra, Régis reste dans les parages, prêt à intervenir. Entre chaque prise de vues, il procède à des raccords. La température élevée qui règne sous les projecteurs peut faire fondre le maquillage. Cette chaleur, l'excitation du jeu font transpirer les acteurs. Avec précaution, Régis tamponne les ailes du nez, le front, repoudre au besoin. Son souci permanent : éviter toute luisance de la peau. L'œil de la caméra ne pardonne aucun défaut.

Tout au long des prises de vues, Régis ne cesse d'être ainsi en éveil. La journée terminée, il lui faut aider parfois à certains démaquillages qui avaient nécessité l'artifice de prothèses ou de postiches. Souvent, il est le dernier à partir, ses outils de travail nettoyés et préparés pour le jour suivant.

Demain, il recommencera, jusqu'à ce que le film soit « dans la boîte ». Il recommencera, ou plutôt il continuera à apporter sa modeste contribution à une œuvre créée pour émouvoir. Pour faire rêver.

▷ *Le maquillage achevé, il ne reste plus qu'à brosser cils et sourcils et à effectuer des raccords pileux : quelques poils sur les joues suppriment la démarcation de la barbe, des poils clairs implantés dans les sourcils les rendent plus touffus. Régis vérifie le maquillage aux lumières, procède à de légères retouches, puis vaporise une laque à visage. La transformation de Jean-Paul Blonday en Léonard de Vinci a demandé deux heures de travail. C'est un temps moyen, certaines compositions avec prothèses réclamant parfois de quatre à cinq heures.*

Avec un fard gras, nez, joues et pommettes sont remodelées par petites touches, du bout des doigts. La structure terminée, Régis poudre abondamment pour dissimuler le luisant du fond de teint et fixer le maquillage, et,

d'un coup d'éponge à peine humide, il estompe l'aspect poudreux. Puis tout ce qui a été fait au fard gras est repris au fard sec : rides marquées et dégradées au pinceau ; nez, tempes et pommettes modelés à la brosse. Quelques

touches délicates de violine sur le nez et les pommettes donnent au visage un air couperosé que Régis accentue en travaillant dans le même ton les poches des yeux et les plis de la bouche.

l'Essonne, les Hauts-de-Seine 13

Phot. Villerot-Diaf.

Phot. Souverbie-Top.

les Hauts-de-Seine

L'espace et le rythme tranquille de la province,
aux portes encombrées de la capitale

C E DÉPARTEMENT en forme de croissant qui, par rapport à un voisin comme les Yvelines, a des dimensions modestes, ne manque pas d'un certain poids dans la région parisienne. Il est, en effet, avec son million et demi d'habitants (environ) le troisième département de France — après la Seine et le Nord : autant dire que la plupart de ses paysages traduisent cette urbanisation. Et pourtant la nature, si souvent contestée par le béton, n'y perd pas partout des droits, car la Seine, s'y donnant le temps d'un ample méandre, a bien souvent opposé ses coteaux boisés aux entreprises humaines.

Des coteaux, des parcs et des bois

Comme pour tous les méandres, le côté concave, creusé en versant raide par l'érosion, ne manque pas d'escarpements, à en juger par le coteau de Meudon et de Bellevue, puis par celui de Saint-Cloud, si important à franchir que le percement des tunnels a représenté un formidable travail. Plus loin, le fleuve s'est éloigné, laissant s'étendre une plaine où Suresnes, Puteaux et Courbevoie ont pu se développer. La butte isolée du mont Valérien avec ses jardins et ses cimetières y culmine à la faible altitude de 162 m.

◁ △ *Le quartier de la Défense a été « inventé » entre 1955 et 1958, le palais du C.N.I.T. ayant été le premier à dresser son architecture toute en courbe. Au XVIIIe siècle, on voyait tourner les roues des moulins sur les lieux mêmes où s'élève l'amorce du Paris au XXIe siècle. Destiné à décongestionner la capitale, le quartier de la Défense compte aujourd'hui 850 000 m² de bureaux ; sur le secteur de Nanterre, cet ensemble est complété par des habitations conçues avec le souci de créer une ville vivante et accueillante.*

l'Essonne, les Hauts-de-Seine 15

L'architecture de la région parisienne est empreinte des goûts et des modes qui se sont succédé au cours des siècles. À côté des grandes réalisations du XVIIIe siècle, le siècle suivant et le début du XXe siècle ont été très prolixes en demeures cossues, où la bourgeoisie vivait dans un décor harmonieux au charme discret. Des villes comme Sèvres, Marnes-la-Coquette ou Meudon ont très tôt attiré des citadins amoureux d'une région privilégiée par la nature et proche de la capitale.

l'Essonne, les Hauts-de-Seine

La rive droite, convexe, correspond au contraire à une vaste plaine alluviale ; le bois de Boulogne, qui en occupe une partie tout en s'intégrant, d'ailleurs, au département de la Seine, a vite attiré à proximité les amateurs de villégiature. À Boulogne, le quartier résidentiel élégant s'oppose toujours à Billancourt qui, sur les îles allongées et la rive proche, a vite accueilli l'industrie automobile. Exemple caractéristique d'une région dont les habitants sont assez contrastés. Au nord de la même rive droite, la presqu'île de Gennevilliers, traditionnellement occupée par des maraîchers, voit ses sables et limons fertiles de plus en plus gagnés à l'industrie.

On comprend l'attachement des gens à leurs espaces verts, qui constituent leur meilleure protection face à la pollution. Dans ce domaine, alors que le nord du département fait figure de pauvre avec quelques squares, le sud n'est pas peu fier de la forêt de Fausses-Reposes, du bois de Meudon et des parcs comme Saint-Cloud et Sceaux. Et, jusqu'à la Défense, l'arbre fait échec aux tours, grâce à un espace vert créé récemment à Nanterre. Peut-on s'étonner que certains lieux chargés d'histoire aient su conserver les témoins d'un passé vivant dans la mémoire des Parisiens, que la Malmaison ou la Vallée-aux-Loups soient encore noyées dans la verdure ? L'arbre y fait preuve d'une ténacité égale à celle déployée par les modestes légumes dans les jardins ouvriers entre Saint-Cloud et Garches, au bord de l'autoroute. Parfois, il est vrai, ce sont les pierres qui témoignent, à en juger par la forteresse du mont Valérien et les croix du cimetière américain !

Anciens villages, quartiers résidentiels, cités industrielles

Il est aisé d'opposer les cités industrielles de Gennevilliers, de Colombes et même, plus proches de Paris, de Levallois-Perret à tant d'élégantes cités résidentielles au sud du département. En général, les anciens villages situés à proximité de forêts ou d'étangs ont pu demeurer à l'abri du monde industriel. Meudon, site privilégié de verdure, avec son observatoire, ses vieilles maisons, Ville-d'Avray, Rueil-Malmaison, Sceaux, bien sûr, à cause de son parc. Quant à Marnes-la-Coquette, elle ressemble à un village anglais, avec sa jolie place où trônent église et mairie, avec ses maisons entourées de jardins. Un peu partout, une population très bourgeoise aux sens multiples du terme donne son empreinte à l'habitat. Ailleurs, la présence de plusieurs cités universitaires et de la faculté de Nanterre contribue à créer une autre atmosphère. La population est jeune et les cafés d'Antony et de Bourg-la-Reine ressemblent à ceux du Quartier latin.

Plus étonnante apparaît la permanence d'une atmosphère provinciale dans quelques vieilles rues de Saint-Cloud, autour de l'église, à deux pas des tunnels de l'autoroute ! Les habitants eux-mêmes, désignant leur

▽ *Le parc de Sceaux s'étend sur 200 ha entre Sceaux et Antony. Ce domaine servait, au Grand Siècle, de cadre au château de Colbert, détruit à la Révolution. Aujourd'hui, ses perspectives, qui conservent beaucoup de majesté, sont devenues des lieux de promenade agréables pour les citadins.*
Phot. Mangiavacca-Vloo.

Phot. G. de Laubier.

▽ *Dernière mise au point avant la mise à l'eau... Les étangs et bassins des parcs font la joie des amateurs de modélisme qui peuvent, dans les meilleures conditions, faire manœuvrer leurs embarcations.*
Phot. Pratt-Pries-Diaf.

colline, disent « le village ». Là, une population locale, souvent âgée, semble avoir réussi à se maintenir, malgré l'arrivée de nouveaux venus et, en particulier, de travailleurs immigrés. On pourrait faire la même constatation pour un vieux quartier à Boulogne. Et combien d'automobilistes filant sur les avenues Charles-de-Gaulle et de Madrid ignorent le charme d'un certain Neuilly, d'une vieille rue comme la rue Casimir-Pinel ; combien d'entre eux se sont-ils arrêtés à l'église Saint-Jean-Baptiste, qui ressemble toujours à une église de village ?

Dans le nord du département, les cités industrielles ne manquent pas, et les jeunes cadres restent fort rares. Si, en général, cette banlieue fait figure de déshéritée, les oasis y subsistent, comme pour dénoncer toute classification trop stricte. D'une certaine façon, elle a même mieux conservé ses maisons anciennes que bien des lieux de villégiature du sud, ses modestes pavillons aux jardins exigus attirant moins de convoitises que les grands parcs des aristocrates et grands bourgeois. Gennevilliers ne manque pas de vieilles maisons au toit d'ardoise ou de tuile plate pour contraster avec une mairie ultramoderne et des constructions fort hautes en dehors de l'ancien village. Asnières, mais surtout Bois-Colombes correspondent à de petites villes très résidentielles, bien pourvues de bons épiciers et de commerces soignés. Les parents et grands-parents sont heureux d'accueillir leurs enfants dans des pavillons du XIXe siècle ou du début du XXe, et l'on cultive son jardin en famille, le week-end, dans un cadre fort proche de celui du vieux village de Montmartre.

De telles oasis ne font que rendre plus manifeste le péril où se trouve le *terroir* un peu partout ailleurs dans les Hauts-de-Seine. Qu'on imagine la déception d'un ancien habitant revenant aux lieux de son enfance et ne retrouvant rien du cadre familier ! Car combien de villas détruites, de splendides jardins lotis, à Boulogne, à Neuilly, et ailleurs ! Et combien de fermes disparues ! Des gens qui avaient l'habitude de se réveiller au chant du coq, s'ils n'ont pas été contraints de partir, ouvrent maintenant leurs fenêtres sur une porte vitrée d'immeuble ou, dans le cas le plus favorable, sur un jardin aux pelouses impeccables entretenues par une copropriété vigilante.

Dans un département où l'on aperçoit d'un peu partout les tours de la Défense, le coude-à-coude chaleureux dans les cafés, les bavardages chez les commerçants restent un privilège. Fêtes et marchés hebdomadaires permettent à une population aux niveaux de vie souvent très différents de se mêler. À Saint-Cloud, le parc attire autant de touristes que de festivités ; la fête de septembre, avec ses forains et ses attractions, s'y déroule toujours avec la même affluence. D'autres

l'Essonne, les Hauts-de-Seine

manifestations moins célèbres maintiennent une tradition : couronnement de la rosière à Nanterre, pour récompenser une jeune fille particulièrement méritante, fête des roses dans le parc de Sainte-Barbe à Fontenay-aux-Roses, vendanges à Suresnes.... D'autres, enfin, sont de création récente, comme le marché biologique qui se tient route de la Reine, à Boulogne, chaque premier samedi du mois.

Faire son marché dans les Hauts-de-Seine peut encore être une activité riche en découvertes pittoresques, à condition de ne pas être un régionaliste avant tout : les produits, même biologiques, viennent de toutes les régions de France. Le département fait preuve d'une plus grande spécificité dans les activités de loisirs orientées sur les sports et la culture.

Une région sportive et culturelle

L'aridité des chiffres rend-elle compte de cette vocation ? Est-il suffisant de rappeler que les Hauts-de-Seine totalisent 30 clubs de football, que les clairières de la Faisanderie en plein parc de Saint-Cloud ont accueilli depuis un siècle bien des championnats du monde de tennis sur les courts du Stade Français, et qu'enfin, sur les 25 ha de l'ancien hippodrome, bien d'autres sports ont trouvé leur place ? Les amateurs de jogging croisent de tranquilles promeneurs dans les sentiers des bois de Chaville ou de Meudon. En semaine, la nature s'apaise après les émois du dimanche et les écureuils recommencent à sauter de branche en branche.

Pourtant, la solitude des grandes étendues manque dans cette région où l'arbre se fait jardin, l'eau bassin et où la culture s'organise en musée. Région riche en loisirs et activités diverses, que le R.E.R. rend particulièrement accessible aux Parisiens, les Hauts-de-Seine — ceux du sud surtout — ne s'appartiennent pas, mais prolongent la capitale, lui servant de parc, donnant refuge aux citadins épuisés par de trop nombreuses heures de travail et de transport. Et le samedi, les allées des cités résidentielles retentissent du bruit des tondeuses, le jardinage étant le sport le plus communément pratiqué.

Travailler pour la capitale ?

La première profession traditionnelle dans le département — sa vocation, dirait-on —, c'est donc de distraire le « Monstre ». Le temps n'est plus où, à Robinson, on soupait dans un arbre, mais les restaurants ne manquent pas, du plus gastronomique au plus

La société de pêche des étangs de Ville-d'Avray compte de nombreux adeptes qui, le dimanche, se livrent à leur sport favori, taquinant gardons, carpes, tanches, brochets ou perches, qui se laissent quelquefois prendre...
Phot. Jacques Verroust.

▽ *À la mi-septembre, Bagneux est en fête, avec défilé de chars carnavalesques, majorettes, danses folkloriques, spectacles de variété et fête foraine.*
Phot. Auvin-Top.

l'Essonne, les Hauts-de-Seine 19

le pot à eau et la cuvette

La manufacture royale de Sèvres livrait au XVIIIe siècle d'innombrables pots (à pommade, à fard, à rouge), boîtes (à mouches, à poudre), bassins (à barbe, etc.). Ce pot à eau avec couvercle, posé sur une cuvette assortie, fut fabriqué à partir de 1755 sous le nom de « pot à eau ordinaire ». Des ateliers de la Manufacture de Sèvres sortent encore d'innombrables pièces, copies d'ancien ou modernes.
(Dessin d'après des objets conservés au musée du Petit Palais à Paris.)

un peu de toponymie

Arpajon (Essonne) : la ville prit le nom d'Arpajon, lorsqu'elle fut érigée en marquisat pour Louis de Sévérac, marquis d'Arpajon, dans le Cantal.
Athis-Mons (Essonne) : du gaulois *attegia*, « cabane », « maison rurale ».
Bièvres (Essonne) : du gaulois *beber*, « castor ».
Clamart (Hauts-de-Seine) : peut-être dérivé du nom gaulois *Clamus*.
Étréchy (Essonne) : du latin *stirps*, « souche ».
Issy-les-Moulineaux (Hauts-de-Seine) : « Issy », du nom gallo-romain *Iccius*.
Marcoussis (Essonne) : du bas latin *marcocia*, « pâture ».
Massy (Essonne) : du nom d'un homme latin, *Macius*.
Nanterre (Hauts-de-Seine) : du gaulois *nemeto*, « sanctuaire », suivi du latin *dunum*, « forteresse ».
Neuilly-sur-Seine (Hauts-de-Seine) : du latin *novellus*, qui désigne une terre nouvellement défrichée.
Saint-Cloud (Hauts-de-Seine) : du nom germanique *Chlodoald*, fils du roi Chlodomir (VIe siècle).
Sèvres (Hauts-de-Seine) : d'origine préceltique, du nom d'une rivière.

(D'après le *Dictionnaire étymologique des noms de lieux en France*, d'Albert Dauzat et de Charles Rostaing. Librairie Guénégaud.)

---

populaire, du relais fleuri au modeste « couscous », où les immigrés côtoient les routiers. À Levallois, à Clichy, le couscous se transforme en plat du terroir ! Les villages d'autrefois situés aux portes de Paris avaient pour mission de nourrir la ville avec leurs produits maraîchers et fermiers. Or, les maraîchers de Gennevilliers continuent à travailler en famille, mais, quand un vieux propriétaire meurt, il n'est pas remplacé, sa terre se transformant généralement en espace résidentiel. Toutes les fermes ont disparu, sauf une, à Bois-Colombes, la ferme Saint-Thibault. On y vend de la crème fraîche, et la clientèle désireuse d'en vérifier l'origine est admise dans l'étable, où d'opulentes frisonnes se dévouent pour satisfaire leur gourmandise. Le temps d'une lactation, elles resteront là grassement nourries, attendant pour retourner au grand air d'avoir rempli leur office et d'être revendues au marchand !

▽ Ce « solitaire » — service ne comportant qu'une pièce par type — a été créé en 1767. À cette date, la manufacture de porcelaine, établie à Vincennes en 1738, était déjà installée à Sèvres depuis 11 ans, le roi Louis XV l'ayant rattachée au domaine de la Couronne en 1759. La perfection de la porcelaine de Sèvres est due à la haute qualification des artisans — tourneur en creux, tourneur-calibreur, mouleur-réparateur, mouleur en plâtre, émailleur, peintre-décorateur, modeleur, sculpteur, graveur en taille douce, lithographe.

D'autres métiers correspondent à un mode de vie traditionnel, même si l'énergie utilisée fait partie des plus nouvelles. Ainsi, les bateliers sillonnent toujours la Seine, dans le nord comme dans le sud du département : le port de Gennevilliers réalise plus de 17 p. 100 du trafic du port de Paris. Menacés sur leur propre élément liquide — pour ne pas dire leur terrain —, ceux-ci ont du mal à trouver du travail ; les remorqueurs peuvent, en effet, pousser plusieurs barges, rendant ainsi les péniches, qui disposent de leur propre moteur, moins compétitives.

Les jardiniers ont moins de souci pour défendre leur profession ; le seul parc de Saint-Cloud en compte 47, et aucune machine ne viendra jamais remettre en question l'existence de ces artistes de la nature, si nécessaires à la beauté de ce grand jardin à la française que restent les espaces verts de la proche banlieue. Quant aux jardins Kahn à Boulogne, ils constituent un bon exemple de réalisation artistique ; le jardin japonais, le jardin vosgien et la roseraie qui s'y trouvent rassemblés exigent des soins attentifs. Les artisans, eux, manifestent une grande mobilité et nul ne peut affirmer que tel céramiste ou tel tisserand récemment installé ne déménagera pas dans un autre département. Cependant, la manufacture de Sèvres, qui a encore un effectif de 160 personnes, représente une exception. Depuis 1756, on y travaille le kaolin selon des procédés presque identiques à ceux des premiers artisans et les porcelaines qui sortent de ses ateliers offrent toujours les nuances sombres ou « nuagées » du célèbre bleu qui en fit le renom. Elles ne sont pas seulement réservées aux collections privées et aux musées, mais sont vendues, comme toutes les vaisselles, de par le monde. ∎

Phot. G. de Laubier.

les Yvelines

Immense parc à la française où les parterres sont des champs de blé,
les boqueteaux, des forêts, et les fabriques, des châteaux.

D'UNE MODESTE superficie de 2271 km², ce département est plus contrasté que la grande Seine-et-Marne, par exemple. Car les calcaires du Bassin parisien y composent toute une gamme de sols. Aussi les géographes y délimitent-ils jusqu'à huit régions naturelles. La vallée de la Seine, au nord, n'est pas la moins vaste avec ses amples méandres. Alors que le premier conserve quelques-uns de ses traditionnels maraîchers, le deuxième enserre la forêt de Saint-Germain et, après Mantes, le troisième une forêt moins profonde, celle de Moisson. En général, la rive convexe du méandre — agrandie par le dépôt des alluvions — est occupée par des plaines propices aux cultures de légumes là où la forêt a été défrichée, alors que la rive concave — creusée par l'érosion — a donné lieu, par ses escarpements, à des sites pittoresques. Quand le fleuve s'élargit, les plans d'eau attirent les bateaux de plaisance. Parfois, des îles, souvent bordées de peupliers, ralentissent la navigation des péniches, mais séduisent pêcheurs et poètes... quand l'industrie ne les a pas annexées. Après Mantes, la vallée change de caractère, des falaises de craie annoncent la Normandie.

Autre région naturelle au nord de la Seine, le Vexin français n'appartient que bien peu aux Yvelines; ce

△ *Les paysages des Yvelines sont très variés, avec des plateaux vallonnés, dont l'altitude moyenne oscille autour de 150 m, et des vallées creusées par un réseau de rivières, la plus importante étant, au nord, la Seine.*
Phot. Tesson-Vloo.

Phot. Duroy-Rapho.

grand plateau de calcaire grossier est interrompu de vallées argileuses et de buttes souvent boisées ; quelques clos de pommiers où paissent des bovins indiquent déjà à Gaillon-sur-Montcient, à 4 km de Meulan, que nous sommes entrés dans une contrée traditionnellement consacrée à l'élevage. Quant au Mantois, s'il ne manque pas non plus de vallonnements, son relief est beaucoup moins accidenté ; champs et prairies y sont de plus en plus menacés par une urbanisation rapide. Autour de Versailles, une plaine formée par la Mauldre et ses affluents perpétue la renommée de l'Île-de-France pour toutes sortes de produits du terroir, du glaïeul à la pomme de terre. Vers l'Eure-et-Loir, le département possède avec Houdan une partie du Drouais, pays de Dreux, donc déjà normand avec ses pâturages coupés de haies et de champs.

Le département ne doit-il pas, cependant, son nom à une vaste forêt qui, après s'être étendue sur toute la région parisienne, se trouve réduite maintenant dans les Yvelines à quelque 30 000 ha au nord de Rambouillet ? Mais, dès que l'on descend au sud-ouest de cette ville, le paysage devient beauceron, les arbres faisant place aux grandes étendues céréalières, le calcaire se recouvrant de limon. Plus à l'est, c'est encore une autre région naturelle, avec des plateaux coupés de rideaux d'arbres et de petits escarpements : Saint-Arnoult-en-Yvelines et Rochefort-en-Yvelines se trouvent, en effet, en Hurepoix. En Hurepoix aussi la vallée de l'Yvette, où de minuscules cours d'eau comme le Rhodon évoquent tout un passé par leur murmure propice à la méditation. Aux Vaux de Cernay, un autre ruisseau qui coule au fond d'une gorge en formant des cascades crée un site accidenté très apprécié des admirateurs de la vallée de Chevreuse.

Un vaste parc à la française

Dans ces espaces, nos contemporains ne trouvent pas aussi aisément la solitude que les « messieurs de Port-Royal », heureux de se retirer « au désert » à si petite distance de Paris. Car, dans un département où presque la moitié de la surface est encore agricole, le promeneur marche rarement dans des champs à perte de vue. Bien vite, une résidence secondaire vient apporter une note parisienne dans un retour à la ruralité. Pourtant, les Yvelines restent la région la plus boisée du Bassin parisien et, sur presque 30 p. 100 des terres, un amateur de verdure peut échapper à toute pollution. Sur des sols sableux comme en forêt de Fontainebleau, les futaies de Rambouillet et de Marly restent un refuge pour l'homme... et pour le chevreuil comme pour le cerf. La forêt de Rambouillet est coupée de clairières, de villages, d'étangs comme ceux de Hollande ; quoique le chêne y règne en maître, châtaigniers, hêtres et pins, sans oublier quelques bouleaux, y respirent à l'aise ; le taillis n'y manque pas et ses 20 000 ha de forêt domaniale sont loin de constituer une masse impénétrable ;

...Conflans-Sainte-Honorine est devenue la « capitale de la batellerie » : les mariniers y amarrent leur péniche et Je sers abrite une chapelle et des services sociaux. Dans la ville, un musée de la Batellerie initie à l'histoire de la navigation fluviale. Au confluent de l'Oise et de la Seine, un monument est consacré aux bateliers disparus.

La Seine, en aval de Paris, constitue l'une des principales voies d'eau de France à grand gabarit ; des ports se sont installés le long de son cours, à Poissy, à Mantes, à Conflans-Sainte-Honorine. Ce dernier port (port de passage) est traversé chaque année par quelque 40 000 péniches, ce qui représente 20 millions de tonnes de marchandises (matériaux de construction, hydrocarbures, produits agricoles) ; la capacité de certains bateaux peut atteindre 5 000 tonnes...

même les cyclistes peuvent la franchir par une piste reliant Rambouillet à Montfort-l'Amaury. Quant à Marly, cet ancien parc royal de 2 000 ha aux si belles futaies de chênes et de hêtres principalement, il abrite encore des fourrés inconnus des touristes, où de prévoyantes fourmis ménagères viennent cueillir des mûres pour leurs confitures !

La forêt de Saint-Germain est coupée de routes goudronnées qui sillonnent ses quelque 3 500 ha ; sur ce terrain fait d'alluvions de la Seine, des futaies de chênes, de charmes, de hêtres, parfois des bouleaux ou des pins, quelques châtaigniers, en dépit de leur beauté, peuvent sembler trop civilisés à un émule de Robinson. Presque entièrement domaniales, ces vastes cathédrales de verdure ne sont pas les seuls espaces boisés du département. Un peu partout, en effet, bois et parcs privés laissent entrer des promeneurs.

Ainsi, même dans ses forêts, les Yvelines restent fidèles à la tradition de Versailles, où Louis XIV en personne indiquait à ses jardiniers comment tailler les arbres ; c'est un vaste parc et la nature obéit à l'homme sans protester, encore trop heureuse de ne pas être transformée en usine à ciment ! Le cadre supérieur qui tond ses pelouses chaque week-end, comme l'amateur de légumes biologiques ordonnant son modeste potager pour le transformer en parterre pourraient se croire disciples de Le Nôtre et de La Quintinie. Parmi les nombreuses grandes écoles fixées dans le département, l'École d'horticulture, contiguë au palais du Roi-Soleil, n'est-elle pas la plus ancienne ?

Du palais à la mansarde...
de la cathédrale à l'église de village

Là où le moindre « chevalier » rêvait de recevoir son roi, comment s'étonner que chaque manoir soit vite devenu un château, chaque jardin un parc ? D'ailleurs, le suzerain et la famille royale possédaient un peu partout des demeures réservées à la chasse et au plaisir : Marly, maintenant disparu, Saint-Germain, Rosny créé par Sully et embelli par la duchesse de Berry, Rambouillet lié à la mémoire du duc de Penthièvre. Dans toute la région, les Mansart ont laissé leur marque : à Versailles, mais aussi au château de Maisons dû à l'oncle, François, et à Dampierre dû au neveu, Jules Hardouin. Et quel heureux gaillard montant à pied ses six étages songe à remercier l'illustre architecte, inventeur du comble brisé, de la fenêtre à la Mansart, donc de la mansarde ?

▽ *Dans le quartier Saint-Louis, à Versailles, quelques brocanteurs-antiquaires proposent aux « chineurs » des objets du temps passé. Depuis quelques années, un « passage des Antiquaires », dans le quartier Notre-Dame, est ouvert chaque semaine du vendredi matin au dimanche soir.*
Phot. Régent-Diaf.

◁◁ *Mantes-la-Jolie est une ville historique qui, malgré d'importantes destructions pendant la Seconde Guerre mondiale, a conservé quelques maisons anciennes. Sa collégiale Notre-Dame fut construite au XIIIe siècle sur les plans de Notre-Dame de Paris.*
Phot. Essert-Atlas-Photos.

◁ *Les jardins et les parcs, très nombreux autour des maisons, font l'objet de tous les soins de leurs propriétaires.*
Phot. Sappa-C.E.D.R.I.

les Yvelines 5

La marguerite des prés

La marguerite des prés est une fleur familière de nos paysages ; elle pousse aussi bien dans les jardins que sur les bords des chemins ou sur les pentes rocheuses. Sa fleur a la réputation de tuer les insectes et de présenter la vertu thérapeutique de calmer les spasmes.

▷ *Malgré l'empiètement progressif des zones urbaines, les terres agricoles représentent, dans les Yvelines, quelque 100 000 ha, soit près de la moitié de la superficie du département.*
Phot. Tesson-Vloo.

Les vieux hôtels qui font le charme de Versailles et de Saint-Germain, avec leurs beaux toits d'ardoise, ne manquent pas d'exemples de cette particularité architecturale du style classique.

Dans le département, le Grand Siècle a brillé d'un tel éclat que l'on a tendance à oublier les siècles précédents. Il est vrai que l'héritage de la féodalité se présente souvent en ruine : La Madeleine, fief des Chevreuse et des Luynes — refuge de la turbulente duchesse rendue célèbre par Dumas —, a été démantelée sur ordre de Richelieu ; Rochefort-en-Yvelines, Houdan, Maurepas, Montfort-l'Amaury... autant de puissances qui ne pouvaient que baisser pavillon devant le pouvoir royal. En général, les monuments élevés à la gloire de Dieu ont mieux résisté : à Mantes, la collégiale, réplique de Notre-Dame de Paris, dans une ville pourtant fort touchée par les bombardements de la dernière guerre ; Saint-Pierre à Montfort, dominant des rues pittoresques, avec son charnier à la belle charpente en forme de carène renversée ; Houdan, bel exemple de gothique flamboyant ; Richebourg et Saint-Arnoult, témoins d'une ancienne splendeur et d'un pèlerinage.

Mais parfois des églises de village ont, elles aussi, un charme bien à elles, trapues comme des paysannes, avec leur court clocher ; quelquefois, leur site leur confère de la dignité ; ou bien ce sont les champs, les petits vergers qui les entourent, de vieux murs couverts de lierre... même si la localité a perdu ses paysans, si les fermes ont été vendues comme résidences secondaires, nous nous sentons loin de la capitale. Et, jusqu'aux confins des Hauts-de-Seine, à Chatou, à Bougival, les églises témoignent d'un passé où Paris venait prendre l'air dans les villages de sa banlieue. Les restaurants chers aux impressionnistes n'existent plus, mais les tours romanes sont toujours là.

Un peu partout des clochers romans font encore notre admiration : à Poissy, pourtant si proche de Talbot ; dans toute la région de Meulan des tours octogonales en pierre célèbrent la mémoire, dit-on, d'une comtesse grande bâtisseuse, à Tessancourt-sur-Aubette, et jusqu'à Vernouillet et à Conflans-Sainte-Honorine. Quant à la vallée de Chevreuse, les églises s'y ressemblent souvent comme des sœurs grâce à la pierre meulière, utilisée sans crépi ni joints à l'intérieur comme à l'extérieur. Ces modestes bâtiments de Chevreuse, Saint-Rémy-les-Chevreuse ou Saint-Lambert-des-Bois s'animent les week-ends à la sortie des messes. Ils ont traversé les siècles, alors que les superbes abbayes de Port-Royal et de Cernay ne sont plus que ruines.

◁ *Le bruant des roseaux fait son nid à même le sol, à un endroit sec, toujours bien protégé par des herbes. Cet oiseau, migrateur dans d'autres pays, séjourne en France de façon, le plus souvent, permanente.*
Phot. G. Fauvet.

▽ *La région est parsemée de hameaux. Celui de Leuze, rattaché à la commune de Villette, est traversé par la Vaucouleurs, petite rivière formée de deux cours d'eau.*
Phot. Bouillot-Marco Polo.

D'autres édifices se sont transformés à travers les siècles, les moulins, les fermes devenant habitations, restaurants ou parfois magasins de brocante. Les plus beaux des presbytères ont subi la même évolution, les curés desservant de nombreuses paroisses ne les habitent plus, mais se regroupent souvent en des logements paroissiaux collectifs modernes. Pour les fermes, cependant, il en existe toujours une ou deux par village, là où autrefois une dizaine étaient en activité. Leurs bâtiments sont rarement organisés autour d'une cour et retranchés au centre de leurs terres comme les forteresses briardes et beauceronnes. À ce point de vue, la ferme du château de Gaillon-sur-Montcient, celle de Brunel, à Gressey, constituent de belles exceptions. L'élevage et la polyculture n'exigeaient pas des installations aussi étendues que la monoculture céréalière, procurant d'ailleurs généralement des revenus moins élevés.

Au dire de certains, les villages des Yvelines ne sont plus de vrais villages ; jugement exact si l'on pense à Senlisse, si riche en jolies résidences bourgeoises, beaucoup moins exact si l'on considère, par exemple, Dampierre, si bien regroupé autour de son église et de son château, ou Saint-Léger-en-Yvelines, en pleine forêt de Rambouillet, avec sa ferme familiale remplie de volailles picorant dans la cour. Bien des localités illustrent une certaine permanence des traditions agricoles. Traditions auxquelles les Français manifestent un grand attachement, au moins en ce qui concerne l'habitat. Même dans la ville nouvelle de Saint-Quentin, les vieux centres ont été conservés, comme à Maurepas ou à Guyancourt, et la maison individuelle est souvent plus appréciée que l'habitat collectif ; ne permet-elle pas ces petits jardins, modeste compensation de tant de vocations d'agriculteurs manquées ? Oui, la maison chantée par Rousseau, aux volets verts et au toit de tuile, reste chère à tant d'entre nous ! Quant aux églises, même quand on en bâtit de modernes, comme à Viroflay, elles ressemblent toujours à un bateau, forme très ancienne de la *nef* chrétienne.

On pêche à l'ombre du Roi-Soleil !

Curieusement, le terroir semble avoir mieux résisté dans deux vieilles villes du département que dans bien des villages. À Versailles, les marchés, où plusieurs maraîchers de la région vendent encore leurs légumes, où plusieurs horticulteurs présentent leurs plus belles fleurs, sont des manifestations très appréciées de la vie provinciale. Place Saint-Louis, sur cet ancien marché divisé en quatre par de vieilles rues, le jeudi est une

▽ *Bazainville, qui compte 746 âmes, conserve son aspect de village agricole. Pourtant, nombre de ses habitants prennent chaque jour le train pour venir travailler à Paris.*
Phot. A. Gaël.

8   les Yvelines

occasion pour le quartier de se retrouver. Quant aux touristes qui pourraient descendre à l'hôtel de l'Occident situé sur l'une des places, on leur annonce par une pancarte qu'ils « peuvent apporter leur repas » ; cette bonhomie ne manque pas de charme, surtout à deux pas des fastes du château.

Et qui devinerait que l'occupation la plus agréable pour un Versaillais, par un dimanche ensoleillé, est de pêcher dans la pièce d'eau des Suisses, tout près du double escalier des Cent-Marches ? (Non loin de là, un café vend un nombre important de cannes à pêche !) Nullement impressionnés par ce site, d'autres jouent aux boules, pendant que de plus jeunes font de l'aviron sur le Grand Canal.

Toujours à Versailles, les Grandes Eaux ont lieu certains jours d'été, comme du temps de la monarchie ; si l'eau ne vient plus de la Seine par la machine de Marly mais est maintenant captée dans la plaine de Croissy-sur-Seine, la canalisation souterraine permettant la répartition entre chaque bassin est toujours celle d'autrefois. Fête vénitienne et feu d'artifice perpétuent également, sur le Grand Canal, le souvenir d'une époque où l'on aimait tant ces plaisirs, et où Molière collaborait avec Lully, pour des comédies-ballets si appréciées de Louis XIV.

À Saint-Germain aussi la fête continue ; pendant six semaines, à partir du premier samedi de juillet, son parc abrite, au lieu-dit des Loges, la fête du même nom, où manèges et autres attractions battent leur plein, tout cela en l'honneur de saint Fiacre, patron des jardiniers. Dans des restaurants improvisés sur la foire, on grille le cochon à la broche comme sur la carte postale du XIXe siècle qui représente cette manifestation très ancienne. Les touristes venus de Paris ne boudent pas ces festivités, pas plus qu'ils ne boudent le parc et la célèbre terrasse du château, d'où par temps clair on aperçoit la tour Eiffel.

Ces exemples, qui illustrent la permanence des traditions de festivités dans deux vieilles villes, ne doivent pas donner à penser que l'on s'ennuie ailleurs ; dans les Yvelines, en effet, dès qu'il y a de l'eau, il y a de la vie ! Le poisson frétille et le pêcheur prépare sa canne à pêche. Une grande variété de cours d'eau, de pièces d'eau et d'étangs permet d'entretenir tous les espoirs, de la carpe des profondeurs aux écrevisses des ruisseaux, sans oublier bien d'autres prises de choix, comme le brochet. Même la Seine, souvent si polluée, ne désespère pas l'amateur patient. À Meulan et partout où l'industrie s'éloigne, l'espoir renaît.

Que ceux qui apprécient des activités de plein air moins calmes se disent que la Seine est aussi le paradis des voiliers ; des régates sont organisées à Meulan et aux Mureaux. Sur les étangs de Hollande, voile et planche à voile sont autorisées, à condition de ne pas déranger la faune aquatique, qui doit nicher en paix. À Moisson, à Saint-Quentin-en-Yvelines, des centres de loisirs offrent toutes sortes de possibilités, y compris une piscine à vagues ! Et il n'y a pas que sur le Grand Canal que l'on fait du canoë, la Seine s'y prête également.

Plaisirs de la terre ferme

Revenons sur la terre pour donner la parole aux amateurs de circuits pédestres dont la forêt de Rambouillet est le terrain d'élection, ainsi que la vallée de Chevreuse, quoique d'autres ne jurent que par la vallée de Vaucouleurs ou la région de Meulan. Quant aux modestes promeneurs qui ne voudraient pas s'éloigner de la capitale, ils peuvent suivre, par exemple, le chemin de halage reliant Bougival à Chatou ; là, les villas du XIXe siècle comme les pêcheurs se reflètent dans la Seine, pour rivaliser, dirait-on, avec les plus beaux tableaux impressionnistes.

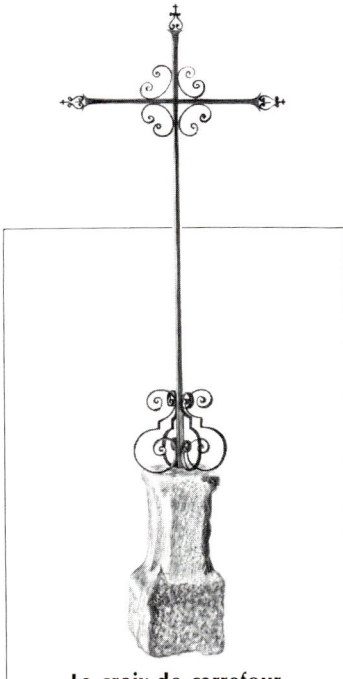

La croix de carrefour
Les croix qu'on rencontre très souvent aux carrefours des routes de campagne et des chemins ont été exécutées dans le courant du XIIIe siècle ou du XIVe siècle par des forgerons de villages. Bien que ceux-ci les fabriquassent en surcroît de leur travail quotidien, ils y attachaient beaucoup de recherche et de soin.
(Dessin d'après *Arts populaires des pays de France.* Joël Guénot éd., Paris.)

◁ Marly-le-Roi ne connaît plus les fastes du Grand Siècle mais a pourtant conservé bien des attraits avec son parc, son église construite par Mansart et ses ruelles bordées de maisons anciennes.
Phot. S. Chirol.

◁◁ Villette (300 habitants), qu'arrose la Vaucouleurs, possède une église du XVIe siècle, restaurée plusieurs fois, mais au charme très rustique.
Phot. Bouillot-Marco Polo.

Les randonneurs espèrent toujours voir quelque animal détaler au fond d'une allée ; plaisir rare dans une région si fréquentée ; l'amateur devra se contenter d'un écureuil, voire d'un modeste merle, parfois. Aussi sera-t-il heureux de multiplier ses chances en parcourant le parc animalier des Yvelines, réalisé par l'Office national des forêts non loin de Rambouillet. Là, les animaux indigènes ne fuiront plus au moindre bruit ; et un jour par semaine le chasseur de photos aura le champ libre. Également en forêt de Rambouillet, un parc paysager permet de satisfaire d'autres curiosités. Au château de Sauvage, en effet, au pied d'un cirque de haute futaie, que rejoint une petite rivière, la Drouet, des plans d'eau permettent bien des rassemblements d'oiseaux souvent exotiques.

Est-il enfin besoin de rappeler que le parc zoologique de Thoiry, créé dans sa propriété par le comte de La Panouse, se trouve à 45 km de Paris, tout près de Pontchartrain ? Là, une centaine d'espèces, d'Afrique et d'Asie principalement, vivent en liberté et se reproduisent. Que ceux qui ont déjà contemplé les ébats des lions amoureux descendent jusqu'aux souterrains goûter une autre émotion en observant les crocodiles et autres animaux à sang froid ! À moins que nos amateurs préfèrent la douceur d'une promenade dans les jardins à l'anglaise et le parc à la française, où tant d'espèces d'oiseaux se sentent en sécurité, venus vers ce refuge du monde entier.

Ces belles réalisations ne doivent pas faire oublier le péril encouru par la faune indigène un peu partout ailleurs. En effet, la pollution des rivières exige un repeuplement constant de la part de l'Administration. Dans les étangs de Hollande, certaines espèces seraient menacées par l'excès d'agitation touristique ; des migrateurs hésitent à s'arrêter en des lieux trop fréquentés par l'homme. Quant aux pesticides utilisés en agriculture, ils éloignent nos oiseaux les plus familiers, alors que d'autres, comme la mouette, viennent au contraire nicher de plus en plus loin dans les terres. Et nous apercevons cette compagne du navigateur là où l'alouette du laboureur a presque disparu.

On ne peut sous-estimer le danger que constitue la multiplication d'installations sportives et d'activités de toutes sortes organisées pour une population disposant de plus en plus de loisirs. Même le muguet en forêt de Rambouillet et les champignons se font plus rares : la flore souffre, elle aussi, de la trop grande affluence de promeneurs... qui souvent arrachent les racines au lieu de couper les tiges, piétinent au lieu d'admirer. La transformation de la vallée de Chevreuse en « parc naturel » sera-t-elle suffisante pour protéger ses richesses ?

Et que dire d'une activité qui, depuis l'Ancien Régime, trouve son terrain d'élection dans les forêts des environs de Paris, de la chasse, noble sport ou science des plus traditionnelles, mais aussi massacre, accusent certains ? Ne faut-il pas rétablir la vérité en distinguant les activités réglementées dans le but de respecter ou même de contrôler l'équilibre des espèces, du braconnage ou de certaines chasses « sauvages » ? Car, s'il existe un plan de chasse fixant pour le gros gibier le nombre des têtes pouvant chaque année être abattues, toute organisation n'a-t-elle pas ses fraudeurs ? En

△ *Le haras national des Bréviaires, créé en 1972, est l'organisme d'intervention des haras nationaux, pour ce qui est de l'élevage, de l'équitation et des courses en Île-de-France. Il entretient des étalons de l'État et surveille des étalons privés. Centre d'instruction, de compétition et d'attelage, il propose des stages aux jeunes.*
Phot. Régent-Diaf.

▷ *La Bergerie nationale de Rambouillet a été fondée par Louis XVI afin d'implanter et de développer en France l'élevage des moutons mérinos, dont les premiers, au nombre de 350, furent importés d'Espagne en 1786. Aujourd'hui, 100 brebis mères assurent la reproduction du cheptel, unique au monde par la pureté de sa race.*
Phot. Régent-Diaf.

▽ *À côté d'un élevage avicole très industrialisé subsiste un secteur encore traditionnel, l'ensemble représentant 604 000 volailles en 1982. Houdan est depuis longtemps un centre d'élevage de poulets, bien que, aujourd'hui, la race d'origine n'existe plus à l'état pur.*
Phot. Téoulé Pix.

forêt de Rambouillet, en particulier, on estime à environ 150 le nombre de cerfs sacrifiés, souvent la nuit ou avec un fusil à lunette, pour la seule année 81. Comme les éléphants de Romain Gary, ces victimes abattues pour leurs trophées et laissées sur place suscitent l'indignation de tous.

Quant à l'équipage de chasse à courre qui force le cerf en forêt de Rambouillet deux fois par semaine, son statut même lui interdit toute fraude ; son piqueur n'est-il pas assermenté et donc amené à participer à la répression du braconnage comme à la protection des cultures ? Les équipages, qui dégîtent le lièvre sur invitation du propriétaire et chassent à pied quelques jours par an, ont contribué par leur modération à la progression de cet animal, à une époque fort menacé en Ile-de-France. Les chasses présidentielles, enfin, organisées avec le concours de l'Office national des forêts pour le petit gibier — dans la région de Rambouillet et de Marly —, ne peuvent que respecter la réglementation en vigueur, comme l'art cynégétique.

Cette réponse apportée aux détracteurs de la vénerie et de la chasse, convenons que la perdrix souffre beaucoup des pesticides utilisés dans les champs et qu'elle est en régression, alors que, au contraire, le lapin résiste de mieux en mieux à la myxomatose. Quant au faisan, si aisément élevé maintenant dans les faisanderies, sa chasse ne respecte guère l'esprit sportif cher aux vrais chasseurs ; on le tire à peine sorti de l'élevage : ne sachant pas voler, il se laisse abattre comme une vulgaire volaille. Et pourtant le repeuplement ainsi accompli par les sociétés de chasse n'est pas à dédaigner.

Souvent, c'est à la demande des agriculteurs que l'on chasse le sanglier, grand dévastateur des cultures. On semble avoir puni ce cochon de ses méfaits ; car il est en régression. Au contraire, le chevreuil relève la tête ; bientôt, il faudra protéger les plantations forestières, et le plan de chasse sera modifié en conséquence dans les Yvelines. En ce qui concerne le gibier, une bonne politique est toujours celle qui suit pas à pas les progrès ou la diminution de chaque animal dans un territoire donné, afin de maintenir l'équilibre des espèces comme celui de la flore.

À cheval, à vélo... et à pied

Comme la chasse et en particulier la chasse à courre, l'équitation demeure un bon moyen de découvrir le département de la façon la plus traditionnelle. Depuis 1972, les haras nationaux ont d'ailleurs leur siège au Perray-en-Yvelines. Assurant la monte dans deux stations des Yvelines — aux Bréviaires et à Tacoignières —, ils surveillent aussi le domaine privé, organisant avec les éleveurs des concours de pouliches et de poulinières, gérant les quelque 300 chevaux de selle prêtés aux établissements hippiques. Parmi ces établissements, beaucoup sont habilités à donner un ensei-

▽ *La ferme des Carneaux, à Bullion, serait antérieure au XVII*e *siècle, époque à laquelle elle aurait été habitée par un ministre de Louis XIII.*
Phot. J. Guillard-Scope.

gnement et à mettre sur pied des concours, même si les grandes manifestations restent sous la responsabilité du haras des Bréviaires : à Versailles, à la mi-mars, pour l'ouverture de la saison ; en juin à Maisons-Laffitte. Cette dernière ville a, en effet, une vraie vocation hippique ; déjà, des courses s'y déroulèrent devant Louis XIV et sa Cour. Il y existe un centre d'entraînement qui s'étend sur 200 ha, le premier de France par le nombre des pur-sang entraînés. Quant à l'hippodrome — réservé aux courses de plat —, il est célèbre pour sa ligne droite de 2 200 m, la plus longue d'Europe.

L'aridité des chiffres — 5 000 chevaux dans les Yvelines, dont 1 500 de course et 3 000 de selle — ne peut empêcher l'historien de saluer au passage cette continuité d'une tradition française célèbre depuis les tournois du Moyen Âge. N'existe-t-il pas toujours, au Perray, une foire aux chevaux se déroulant le 4e vendredi de septembre dans le cadre de la semaine équestre ?

Phot. Bonnafous-Pix.

De temps immémorial, la chasse à courre est pratiquée dans la forêt de Rambouillet. Ce sport favori des rois de France, et particulièrement des Bourbons, est aussi celui des membres de l'équipage de Bonnelles, l'un des plus anciens de France et le seul, dans le département, à chasser le cerf...

Phot. Pix.

Même les attelages de nos ancêtres renaissent ; cette discipline, réclamant plus de finesse que de force, convient particulièrement aux amateurs d'un certain âge et aux familles. L'Association d'attelage de l'Île-de-France regroupe une dizaine d'associations locales, mais la région de Rambouillet manifeste dans ce domaine une grande activité. À Mittainville, si des familles se promènent ainsi un dimanche, il ne s'agit pas obligatoirement d'une reconstitution historique !

Posséder un cheval reste un privilège, on ne pourrait en dire autant des deux-roues. Les Yvelines sont toujours très appréciées des coureurs cyclistes cherchant à s'entraîner sur ses célèbres côtes ; des tours tels que « les Boucles de la Seine » ou « Tours-Versailles » ne doivent pas faire oublier de nombreuses courses locales dues à l'initiative d'un certain nombre de clubs. Ces manifestations sportives incitent les débutants à se lancer sur les routes ; et les services de la S.N.C.F. —

...Ici, les chasses à courre ne sont autorisées que les matinées du mardi et du samedi, et uniquement entre le 15 septembre et le 31 mars.

Phot. Ginestous-Pix.

Le buffet de chasse

Les buffets dits « de chasse » sont des meubles bas recouverts d'un marbre, sur lesquels on pouvait déposer le gibier. Celui-ci est originaire de l'Île-de-France et date de la Régence.

▽ Le département des Yvelines est celui des grandes exploitations, qui, au cours des années, ont éliminé celles de moindre importance. Sur les vastes étendues des plateaux domine, sur 46 720 ha, la culture du blé; vient ensuite celle du maïs, qui occupe 12 850 ha de terres cultivables.
Phot. Lérault-Pix.

à Saint-Rémy-lès-Chevreuse et à Saint-Germain-en-Laye —, évitent la traversée de la proche banlieue par un système de location, ou la prise en charge, depuis Paris, du vélo du sportif. Les Yvelines, il est vrai, se parcourent en tous sens et par tous les modes de transport. La course à pied Paris-Versailles n'est-elle pas justement célèbre ? Et les heures héroïques de l'aviation sont liées à des noms comme Buc, Toussus-le-Noble, Guyancourt et Villacoublay. L'aviation de plaisance perpétue cette tradition aux Mureaux et à Saint-Cyr notamment, même si elle reste réservée à quelques privilégiés. Le plus sûr moyen d'apprécier les richesses du département est encore de posséder une automobile, puis de la laisser pour admirer de près un certain nombre de sites et de monuments.

Car les plus beaux châteaux y sont souvent un univers à découvrir pendant une longue promenade. Versailles avec ses centaines de milliers de visiteurs par an concurrence la tour Eiffel et Notre-Dame. Saint-Germain-en-Laye, malgré son beau musée des Antiquités, vient loin derrière. D'autres demeures tentent, sinon de rivaliser avec ces deux palais, du moins de drainer un peu du flot de touristes français et étrangers. Breteuil fait de grands efforts, ouvrant parc et salons aux amateurs d'histoire et de musique. Comme à Maisons-Laffitte, il est possible de louer une partie du château pour des réceptions. Et les châtelains ne craignent pas de se faire restaurateurs, ce qui en pleine vallée de Chevreuse ne manque pas d'à-propos, les randonnées ouvrant l'appétit ! Sur une plus vaste échelle, Thoiry fait d'ailleurs de même, Thoiry parc zoologique occupant une cinquantaine de personnes — sans compter le personnel saisonnier estival — mais aussi demeure du XVIe siècle à visiter avec ses belles collections de meubles et d'objets d'art.

De telles initiatives privées ne font que compléter un vaste patrimoine géré par l'État à Versailles et à Saint-Germain-en-Laye, et dans bien des musées centrés sur un thème. Peut-être préférera-t-on à ces lieux largement ouverts au public, à ces maisons devenues centres de loisirs organisés, la découverte en solitaire, presque en fraude, de quelque vieille demeure ? Même si elle ne se visite que sur demande écrite au propriétaire, même si leur admirateur doit se contenter de les contempler de la route. Cette « billebaude » à travers les Yvelines ne manque pas de charme. Laissons à chacun le loisir d'en profiter selon ses prédilections !

Une agriculture encore en fête

À ceux qui prédisent la mort inévitable de l'agriculture dans les Yvelines, de nombreuses fêtes à thème agricole viennent chaque année apporter un démenti. Non, la fête du céleri à Achères en octobre, celles de la carotte à Croissy-sur-Seine en septembre, des oignons à Mantes en décembre ne font pas que commémorer une tradition : on cultive toujours des légumes dans ce grand méandre de la Seine, appelé autrefois « le pays du pot-au-feu », les alluvions étant propices à bien des espèces. Quant à la station d'épuration d'Achères, elle comporte toujours sur ses champs d'épandage plusieurs exploitations maraîchères qui profitent des eaux de récupération. Plus en aval du fleuve, Chanteloup-les-Vignes n'a plus de vignes, mais toujours des légumes sur ses pourtours, malgré le caractère très urbain que lui confère le grand ensemble dont les ouvriers travaillent surtout aux usines Talbot. Les maraîchers continuent, au contraire, à travailler en famille sur quelques hectares à grand rendement ; de même pour les exploitations sur les coteaux d'Orgeval et de Chambourcy, dont les vergers si esthétiques font la joie des automobilistes de l'autoroute de l'Ouest.

Des fermes, nous en voyons encore un peu partout dans le département, qui conserve presque la moitié de sa surface en cultures et prairies ; moins de 5 p. 100 de la population fait, cependant, de l'agriculture ou de l'élevage. Et les villages qui comportaient cinq ou six fermes n'en possèdent guère plus qu'une seule maintenant. Excepté au sud de Rambouillet pour la grande culture de céréales — Ablis est déjà un gros bourg beauceron —, il se pratique plutôt une polyculture de type familial avec parfois un peu d'élevage. Seul le Vexin, au nord de la Seine, maintient l'élevage de bovins sur une plus vaste échelle, alors que la région de Houdan, dans le Drouais, reste fidèle à sa tradition avicole. Dans cette vieille ville, la foire Saint-Matthieu, fin septembre — fondée en 1065 par Amaury de Montfort —, attire toujours les populations de la région par ses expositions de bovins, de poneys et de chevaux, sans oublier les concours avicoles où les « naisseurs » espèrent toujours présenter la plus belle poule de Houdan. Ces derniers s'attachent à leur réputation de qualité, préférant remporter un prix au cours d'une compétition, plutôt que de faire de l'élevage industriel (contrairement à d'autres spécialistes de volailles, chez qui on réveille des milliers de poules en pleine nuit pour les inciter à pondre davantage !).

En fait, la foire Saint-Matthieu intéresse tout le Drouais et dépasse donc les limites des Yvelines. Ce dernier, qui possède tant de régions naturelles diverses, en totalité ou plus souvent pour une modeste superficie, ne manque pas de variété. Aussi, se promener dans la campagne est-il une fête pour les yeux ; blé, maïs, parfois colza ou autres cultures, et encore la pomme de terre constituent un damier de couleurs vives, interrompu par quelques prés déjà presque normands. En général, les parcelles n'atteignent pas la superficie importante habituelle en Brie ou en Beauce, ce qui évite toute monotonie.

De plus en plus souvent dans les prés et les cours, les chevaux et les poneys remplacent les vaches : la traite constitue, en effet, un esclavage de moins en moins apprécié de la main-d'œuvre agricole. Les haras se développent pour satisfaire une population de plus en plus avide de ce sport. Quant aux moutons, ils se font rares, et les bergers formés par l'école de Rambouillet devront ensuite chercher des troupeaux dans des départements aux terres moins riches. Cette école, fondée par Louis XVI, reste néanmoins une des plus solidement implantée de la région, comme celle de Grignon pour l'agriculture.

La corneille noire
La corneille noire affectionne particulièrement les campagnes où les champs et les prairies alternent avec les bosquets. Mais on la rencontre aussi dans les parcs. Par son comportement, assez peu sociable, elle ressemble beaucoup au grand corbeau.

▽ *Le marché Saint-Louis est le plus ancien de Versailles et se tient chaque jeudi matin. On retrouve les mêmes commerçants, trois fois par semaine, sur le marché Notre-Dame, qui attire une clientèle nombreuse, venue des communes environnantes... et même de Paris.*
Phot. Régent-Diaf.

◁ *La culture des fraises vient compléter celle des arbres fruitiers, principalement poiriers et pommiers.*
Phot. Sappa-C.E.D.R.I.

les Yvelines 15

POUR L'AMOUR DU LIVRE
Reliure et dorure sur cuir

Aimer un livre, l'aimer vraiment comme un ami, c'est l'entourer de soins attentifs. La reliure devient alors le vêtement qui protège, l'écrin mettant le joyau en valeur, et, selon André Breton, « l'habitacle du livre ».

Né avec le début de l'ère chrétienne, le métier de relieur est d'abord une fonction utilitaire. Du volumen, long rouleau de papyrus conservé dans un étui, on passa progressivement au codex, plus maniable, car il réunissait plusieurs cahiers cousus ensemble sur un côté et enveloppés dans une feuille de cuir.

La reliure proprement dite n'apparaît guère que vers le VIIIe siècle et, jusqu'au XIIe, demeure l'apanage presque exclusif des moines. Rudimentaire en ses débuts, la technique s'améliore avec l'utilisation des nerfs, ficelles encastrées dans le dos du livre et sur lesquelles sont cousus les cahiers. Autre innovation : la naissance, en 1680, du cousoir, petite tablette de bois qui existe toujours et qui facilite la couture. Les plats, côtés extérieurs de la reliure, sont alors constitués de planchettes de bois, les ais. À la fin du Moyen Âge, le parchemin cédant le pas au papier, les reliures s'en trouvent allégées et, au XVIe siècle, le carton se substitue au bois.

La décoration de la reliure s'empreint presque toujours de somptuosité : cuir repoussé avec décors aux fers, soie brodée, plaques d'ivoire ou d'émaux et incrustations de pierreries. Les couvertures des livres liturgiques empruntent leur préciosité à l'orfèvrerie.

D'inspiration religieuse, l'iconographie médiévale

△ *La dorure sur cuir débute par l'apprêture du matériau, c'est-à-dire que l'on badigeonne sa surface d'un produit destiné à fixer l'or : autrefois, on employait du blanc d'œuf ; aujourd'hui, on utilise un mordant du commerce. Deuxième opération : la couchure de la feuille d'or, épaisse d'un dixième de micron, que l'on étend bien à plat sur un coussin de cuir et que l'on découpe aux dimensions voulues à l'aide d'un couteau spécial. Avant d'appliquer la feuille d'or lissée au tampon d'ouate, l'artisan enduit la peau d'une légère couche d'huile d'amandes douces. La reliure est prête, désormais, pour le travail aux fers.*

△ *Les fers à dorer se présentent comme des poinçons dont la face gravée est travaillée dans le bronze. Il en existe de plusieurs sortes, selon leur emploi dans le décor : fleurons, palettes, coins, roulettes...*

▷ *Pour composer le titre de l'ouvrage, Philippe Martial choisit des caractères en bronze qu'il place dans un composteur. L'instrument, chauffé à 80 °C, est ensuite appliqué sur la feuille d'or posée ici au dos du livre sur la peau préalablement graissée. Les lettres, tout en laissant leur empreinte, fixent l'or.*

16 les Yvelines

puise en grande partie ses thèmes dans la Bible. Ce n'est qu'au XIVe siècle qu'une modification se fera jour dans le décor, où apparaîtront des illustrations tirées du bestiaire fantastique. Mais auparavant la reliure s'enrichit de techniques nouvelles. De leurs expéditions en Terre sainte, les croisés apportent l'art oriental de traiter les cuirs, de les teindre, de les gaufrer. La dorure entre dans cet apport et, pourtant, les premiers essais n'apparaissent en France qu'au XVe siècle. Terne jusqu'alors, le décor se pare des brillances du cuir teinté et rehaussé d'or. Dans le même temps, l'invention de l'imprimerie, en permettant la diffusion du livre, stimule l'essor de la reliure.

Au XVIe siècle, le maroquin s'impose sur le marché, importé d'Espagne ou d'Orient, mais que l'on fabrique bientôt en France pour des raisons d'économie. Le décor devient plus élaboré, plus élégant.

Ainsi, au long des siècles, le décor évolue avec le style de l'époque : « à la fanfare » et « au semé », au XVIe siècle ; à la Duseuil, au XVIIe ; à la dentelle, au XVIIIe. Il devient néoclassique sous le Directoire et l'Empire, pour retrouver, avec la Restauration, les fastes du gothique et de la Renaissance. La simplicité bourgeoise est de mise au milieu du XIXe siècle, où l'on ne dédaigne pas la toile en couverture de certains livres d'étrennes. Vers la fin du siècle, la reliure d'art se dynamise en puisant aux sources de l'Art nouveau. Les revues de bibliophiles se multiplient. Des expositions réunissent les œuvres les plus marquantes. Pour les compositions originales, la Belle Époque l'est dans toute son acception.

Cette vitalité se perpétue durant les années folles, où les relieurs trouvent leur place au sein de l'Exposition des arts décoratifs de 1925, devenant artistes décorateurs à part entière. Riche d'une tradition aussi féconde qu'évolutive, la dorure sur cuir demeure le complément direct et prestigieux de la reliure. Toutes deux s'épaulent, se complètent. Car, pour un livre, amitié vaut bien reliure dorée.

▽ L'Éloge de la folie, d'Érasme, avec son décor à la dentelle, Madame Bovary, de Flaubert, les Nouvelles asiatiques, de Gobineau, les Aventures d'Arthur Gordon Pym, d'Edgar Allan Poe, traités plus sobrement... Autant d'ouvrages qui révèlent le souci commun du relieur et du doreur sur cuir : mener à bien leur tâche, tout en tenant compte des textes et des illustrations enfermés sous la couverture pour que chaque volume apporte au bibliophile un plaisir décuplé.

△ L'artisan choisit les fleurons qui composeront le décor du dos de la reliure. Comme pour la dorure du titre, il porte le fleuron à la température voulue, pousse sur la peau recouverte d'or, réitérant l'opération pour chacun des motifs. Le travail aux fers terminé, il ne reste plus qu'à effacer délicatement, avec un chiffon de flanelle, les bavures d'or, précaution qui laisse alors apparaître dans toute sa netteté, la création artistique du doreur.

Photos J. Guillard-Scope-S.R.D.

les Yvelines

Les traditions ne meurent pas, elles se transforment !

Car il y a toujours une fête du muguet à Rambouillet, de la marguerite au Vésinet, mais la foire de Chatou, qui s'intitule « à la brocante et aux jambons », attire plus d'affluence, comme d'ailleurs certaines ventes aux enchères les jours de beau temps. Est-il nécessaire d'insister sur l'importance d'une activité si appréciée des Parisiens et de la population des résidences secondaires ? Chiner les week-ends devient une tradition particulièrement vivante dans les Yvelines, où tant de villages et de vieilles villes se disputent les amateurs en ouvrant boutique avec une marchandise d'ailleurs assez peu

▽ *C'est à Jouy-en-Josas que Christophe-Philippe Oberkampf fonda, en 1759, la célèbre manufacture de toiles imprimées. Situé non loin des anciens bâtiments, un musée présente une quarantaine d'échantillons de toiles de Jouy, dont les motifs floraux, les scènes champêtres et antiques ont fait la célébrité.*
Phot. Régent-Diaf.

Phot. de Laubier-Pix.

18 les Yvelines

régionale : les meubles des anciennes fermes du département ont été dispersés, revendus dans toute la France. Ceux qui dansaient au bal de Bougival ou de Chatou préfèrent maintenant s'affronter dans quelque cave humide, où un buffet campagnard excite leur convoitise. Ce qui ne veut pas dire que les restaurateurs font défaut. Après la disparition de ceux qui étaient chers aux impressionnistes, d'autres ont pris la relève, souvent à proximité des nouveaux terrains de sport et des plans d'eau. Ce métier continue à prospérer, même si l'aubergiste n'a pas toujours l'entrain d'une époque où le bon peuple de Paris venait en banlieue oublier le dur labeur de la semaine. Le week-end, les restaurants ouverts ont parfois l'air de mystérieux temples de la gastronomie plutôt que de guinguettes.

Quant aux forêts, elles connaissent de plus en plus de succès auprès des promeneurs du week-end ; aussi le rôle joué par l'Office national des forêts se révèle-t-il indispensable : dans les centres de Versailles et de Rambouillet, une trentaine d'agents résident sur place et ces quelque soixante gardes forestiers ont une tâche bien absorbante dans des territoires si fréquentés. Il n'est pas aisé de prendre sur le fait les promeneurs coupables de délit, en particulier les « vandales » qui coupent des sapins dans les plantations pour les transformer en arbres de Noël. Dans les espaces verts — qui sont également du ressort de l'Office —, la surveillance est tout aussi délicate. Les propriétaires de bois rencontrent un peu partout les mêmes difficultés, et bien peu ont les moyens de payer un garde. Les métiers de la forêt semblent donc un secteur traditionnel qui pourrait et devrait se développer dans les années à venir ; les maisons forestières telles qu'il en existe dans les ensembles domaniaux auraient aussi avantage à se multiplier.

On n'imagine guère de forêt sans bûcheron, personnage familier aux poètes de la Renaissance comme à La Fontaine. La scie mécanique, qui fait retentir « les hautes maisons des oiseaux bocagers » (pour reprendre une expression de Clément Marot), a remplacé la cognée, mais ce métier reste une besogne harassante, où le chômage ne sévit pas. Les propriétaires et les marchands de bois, auxquels l'État vend sur pied les arbres, se plaignent à juste titre de la rareté d'une main-d'œuvre d'ailleurs assez instable.

Autre secteur traditionnel, la batellerie rencontre une situation inverse d'emploi. La Seine devient plus mauvais « employeur » que la forêt. À Conflans-Sainte-Honorine, l'atmosphère n'est donc pas au beau fixe ; la concurrence des autres modes de transport se fait plus forte et le travail manque. Même dans leur élément, les bateliers souffrent de la présence des puissants pousseurs pouvant entraîner plusieurs barges. Et ne serait-il pas triste de voir sur le fleuve des corps inertes remplacer les vivantes péniches, maisons flottantes souvent si bien tenues avec leurs rideaux aux hublots, leurs fleurs ! Ce milieu encore très authentique, qui a une école pour ses enfants à Conflans, qui se marie souvent entre soi, qui prend sa retraite sur l'eau dans une péniche ancrée près du rivage ou dans une maison dominant la Seine, qui enfin organise chaque année un grand pardon de la batellerie, serait-il définitivement en péril ?

De toute façon, plus une tradition se révèle menacée, plus elle devient précieuse à la population d'une région comme à ses admirateurs, venus rechercher loin de la capitale un terroir encore vivant. Les coutumes ne meurent pas et renaissent à la première occasion ; elles sortent de l'oubli, tels ces habits de fête tirés encore en bon état de l'armoire familiale. C'est le cas pour certaines spécialités, comme le pâté à la Carmen remis à l'honneur chaque année par les maraîchers de Montesson à l'occasion de la fête organisée à la fin de septembre. Mais celui qui rêverait de rencontrer dans l'histoire du lieu un personnage féminin aux charmes appétissants risquerait d'être déçu : le nom de la spécialité vient probablement d'une déformation à partir de celui du charcutier alsacien Kermann, l'inventeur présumé ! Moins mystérieux dans ses origines, le pâté de Houdan est un délice en croûte à base de cette fameuse poule de Houdan, gloire de certaines basses-cours. À la foire Saint-Matthieu, volaille et spécialité

▽ *Les jouets exposés au musée de Poissy rivalisent souvent avec les objets d'art, comme ce carrousel mécanique en tôle peinte, avec bateaux et chevaux, fait en Allemagne en 1890.*
Phot. de Laubier-Pix.

◁◁ *Poupées, jeux, jouets anciens et modernes sont exposés au musée du Jouet de Poissy. Implanté dans un monument du XIVe siècle, vestige de l'ancienne abbaye, le musée a été créé en 1975 ; il est complété par un centre de documentation du jouet, une ludothèque et un atelier où les enfants peuvent imaginer et fabriquer leurs propres jouets.*

les Yvelines 19

gastronomique retrouvent leurs lettres de noblesse. Dans certains cas, les spécialités sont réservées à des initiés ; la finesse et le coût des ingrédients les composant en font des produits de luxe. Ainsi, seuls les gourmets sauront sacrifier d'autres plaisirs à la dégustation de chocolats au noyau de Poissy, savourant longuement la liqueur de noyau de cette région proche des vergers de Chambourcy. D'autres ne manqueront pas de s'arrêter à Saint-Germain pour y acheter, dans une des meilleures pâtisseries de la ville, un debussy ou un saint-germain, gâteaux aussi délicats que les plus subtiles confiseries. Debussy étant un des enfants chéris et illustres de cette cité, nos gourmets se réjouiront de justifier leur péché mignon, en invoquant leur goût pour la culture et la musique en particulier.

Cette manière d'apprendre l'histoire ne manque pas d'agrément et les inventeurs de ces spécialités comme ceux qui les remettent à l'honneur, après un injuste oubli, contribuent à notre patrimoine.

D'autres produits du terroir n'ont jamais cessé d'établir à juste titre la réputation de la région. Depuis la guerre de 1914 et surtout l'après-guerre, en effet, dans les carrières de Montesson, de Maisons-Laffitte ou de Saint-Germain-en-Laye et à Carrières-sur-Seine enfin, le champignon de Paris continue son histoire. Nous le devons aux ouvriers italiens qui, alors que leurs patrons français étaient mobilisés, ont eu l'idée de transformer leurs activités en utilisant leur lieu de travail non plus pour l'extraction de matières premières, mais pour la culture d'un cryptogame poussant déjà à l'état sauvage dans les prairies. Comme dans le passé, les descendants de ces familles italiennes perpétuent une tradition ; et toutes les opérations réalisées dans les carrières se font encore de façon artisanale avec, comme base, du fumier ; les champignons viennent en sacs ou en caisses.

Cette spécialité qui s'est développée dans d'autres régions de France est, toutefois, en régression dans les Yvelines. Pour d'autres raisons, les champignons de forêt, dans certains coins particulièrement fréquentés, sont moins nombreux qu'autrefois. En forêt de Rambouillet, la nature fait encore bien les choses, procurant à l'amateur tant de joie quand il découvre cèpes de Bordeaux près des résineux, chanterelles, trompettes-des-morts et coulemelles dans les sous-bois de taillis, les clairières et au bord des chemins selon la saison ! Un peu partout, malgré les piétinements des touristes trop nombreux, ces merveilles continuent à prodiguer leurs mystères. Parfois, également, leurs poisons, si l'amateur manque d'expérience. Et, dans ce domaine, la science acquise dans d'autres régions reste valable : l'amanite fausse oronge ne doit pas être prise pour une amanite des Césars, la vraie oronge, même quand un été particulièrement chaud pourrait laisser parfois espérer la venue de ce rare délice en forêt de Rambouillet ! Le pharmacien de la localité la plus proche se révèle un expert plus sûr que bien des promeneurs pourtant munis ou de livres sur les champignons ou de planches en couleurs particulièrement suggestives. Car la nature ne s'étudie pas dans les livres, elle s'apprivoise, elle s'épouse au cours de nombreuses années de vie commune. Certains affirmeront même qu'elle est une science transmise de père en fils, de mère en fille ; et ils se garderont bien de manger des champignons dont leurs parents et grands-parents « n'usaient point ». Telle reste, du moins, la coutume paysanne. ∎

Un peu de toponymie

Achères : « les ruchers », du latin *apiariae*.
Andrésy : du nom d'un homme germanique Underich.
Beynes : du gaulois *baua*, « boue ».
Bonnières-sur-Seine : du nom d'un homme latin Bonus.
Coignières : du latin *cotoneus*, « coing », d'où le sens de « terrain où poussent les cognassiers ».
Gargenville : du nom d'un homme gaulois Garganus, suivi du latin *villa*, « ferme ».
Jouy-en-Josas : du nom d'un homme latin Gaudius.
Louveciennes : du nom d'un homme latin Lupicius.
Marly-le-Roi : du nom d'un homme latin Marillius ou Merulius.
Médan : s'appelait Magedon au IXe siècle, du gaulois *magos*, « marché ».
Le Pecq : s'appelait Alpicum au VIIIe siècle, du prélatin *alp*, « montagne ».
Thoiry : du nom d'un homme latin Taurius ou Torius.
Trappes : du français, « trappe », « piège ».
Versailles : du latin *versus*, « versant », suivi du suffixe *alia*.

D'après le *Dictionnaire étymologique des noms de lieux en France*, par Albert Dauzat es Charles Rostaing (Librairie Guénéjaud).

▷ *Le golf international de Saint-Nom-la-Bretèche, banlieue riche en parcs et jardins, est l'un des plus prestigieux de France ; créé en 1959, il compte, en 1983, 1 600 adhérents.*
Phot. Ténoulé-Pix.

la Seine

« Paris vaut bien une messe. »
Henri IV

DANS la grosse masse dense, compacte et presque ronde de Paris, une grande boucle paresseuse du fleuve Seine découpe deux blocs distincts, la rive droite et la rive gauche, marquant la ville de son empreinte comme elle lui dicte son orientation, puisque les numéros des rues commencent vers ses rives ou suivent son cours d'amont en aval ; rive gauche, rive droite, division millénaire chargée d'histoire.

Pour les Parisiens du temps de Philippe Auguste — c'est-à-dire du XIIIe siècle —, Paris s'oriente au fil de l'eau sans souci des points cardinaux et compte son temps en rois. Ce sont des coutumes locales. Ainsi la ville se divise-t-elle en trois parties qui ont chacune leur personnalité. Au milieu, l'île des origines, qu'ils nomment sobrement « la Cité », à l'ouest, le Palais, à l'est, la cathédrale : le pouvoir royal et épiscopal. Sur la rive droite, qu'ils appellent orgueilleusement « la ville », domaine de la « marchandise », se développe le pouvoir économique et municipal. La rive gauche, c'est l'université, ses collèges et ses maîtres à penser, d'où rayonne déjà le pouvoir de l'esprit. Une division forte et claire, chaque fonction, chaque pouvoir y a sa place, son souvenir persiste encore, attaché à chaque rive, un souvenir de l'enfance de la ville...

△ *L'ambiance particulière d'un café parisien ; ici, au Singe Pellerin, près de l'église Saint-Eustache, dans l'ancien quartier des Halles. Depuis l'installation de ces dernières à Rungis, l'activité de ces établissements s'est modifiée. Si le soir, à la sortie des théâtres et des concerts, les Parisiens y viennent encore « prendre un verre », la clientèle occasionnelle — promeneurs et touristes — est plutôt diurne, comme les habitants du quartier, fidèles à leurs vieilles habitudes.*
Phot. M. Breton.

la Seine 1

Rive droite

« Il y a des points du globe, des bassins de vallées, des versants de collines, des confluents de fleuves qui ont une fonction. Ils se combinent pour créer un peuple. Dans telle solitude, il existe une attraction. Le premier pionnier venu s'y arrête. Une cabane suffit quelquefois pour déposer la larve d'une ville (...). Cette cité en germe, le climat la couve. La plaine est mère, la rivière est nourrice. Cela est viable, cela grandit. À une certaine heure, c'est Paris. »

La cabane dont parle Victor Hugo dans l'*Introduction au Paris-Guide de 1867,* le premier pionnier l'a construite sur l'un des bancs de sable embrassés par la Seine qui forment aujourd'hui l'île de la Cité. À l'ouest de l'île, tout au bout du petit square pointu du Vert-Galant, sur ce minuscule triangle de quai où de beaux vieux saules se penchent joliment, nous sommes aux creux de la ville, et, presque les pieds dans l'eau, nous voilà au niveau de la « cité en germe ». Le Pont-Neuf arrondit ses arches solides plus haut, beaucoup plus haut, et Paris bourdonne à six mètres au-dessus de nous. En a-t-on entassé de débris, de remblais, de ruines, de siècles, entre la cabane de torchis et de chaume de notre ancêtre et le pied des petites maisons rouge et blanc qui s'entrouvrent sur la place Dauphine !

Il s'est écoulé 2000 ans entre la petite Lutetia des Celtes Parisii, citée par Jules César dans le *Commentaire de la guerre des Gaules,* tout entière contenue dans l'île reliée aux deux rives par deux ponts de bois, et la ville qui enroule tout autour de nous le colimaçon de ses vingt arrondissements.

Mais, lorsque Paris offre ainsi, de la pointe de l'île, au soleil couchant, la superbe perspective monumentale de ses quais, toute cette harmonie, cet équilibre de façades teintées d'or, cette perfection sur fond de ciel mauve — tant de beauté que tout bon Parisien en ressent au cœur un gros pincement de fierté —, comment imaginer la genèse laborieuse de la ville, l'envisager obscure, embryonnaire, ignorée du reste du monde ? Comment penser qu'elle n'est pas née comme ça, d'un seul coup, triomphante, capitale, telle Minerve sortie armée et casquée de la cuisse de Jupiter ?

Le Parisien et son quartier

Il faut pardonner leur orgueil aux Parisiens, non qu'il soit toujours légitime, car ils s'identifient trop à leur ville, et tout ce que l'on dit d'elle, ils le prennent pour eux. Mais, qu'est ce qu'un Parisien, exactement ? Entendons-nous bien : sera appelé ici Parisien quiconque habite Paris, l'aime et ne saurait vivre ailleurs ; qu'il soit auvergnat ou patagon importe peu, s'il a développé des « radicelles » qui l'attachent à son pavé. Après tout, on

▽ *Entre le Pont-au-Change et le Pont-Neuf, sur le quai de la Mégisserie, des badauds flânent tous les jours devant l'étalage des grainetiers et marchands d'animaux familiers ; cet endroit doit son nom aux mégissiers qui, autrefois, préparaient les peaux des moutons tués par les bouchers voisins.*
Phot. Errath-Explorer.

ne saurait demander davantage dans un lieu où il pousse plus d'idées que de radis.

C'est qu'il n'est pas question, ici, d'un pays tout à fait comme les autres, d'un endroit où l'on a, sans même en avoir conscience, des liens de chair et de sang avec la terre, dont on connaît la consistance sans la toucher, une montagne que l'on voit toujours du coin de l'œil, le vent dont on connaît l'odeur quand il souffle de la mer en hiver, et des parents, souvent lointains, dans le cimetière d'à côté, dont les noms sont encore lisibles sur la pierre, malgré la mousse. Nous sommes dans une ville, et c'est Paris.

Tout a été conçu, fabriqué, créé ou transformé par l'homme. Le paysage de pierre, de béton, de verre, l'horizon artificiel de toits et de cheminées, les odeurs, la chaleur qui fait fondre la neige, le sens du vent qui suit les chemins tracés et même, la lumière, toutes ces lumières réunies en une grande lueur rouge, violette, qui chasse la nuit et les étoiles.

Tout entier contenu dans son département, Paris, derrière sa couronne sans cesse grandissante de banlieues, n'a que des rapports épisodiques, superficiels, le temps d'un week-end ou d'un après-midi, avec l'Île-de-France. En revanche, quel Parisien n'a pas de racines dans un terroir plus lointain? Un pied dans une garrigue provençale, par exemple, au flanc d'un coteau bourguignon, sur une lande bretonne, près d'un glacier savoyard, ou à l'ombre d'un clocher alsacien? Combien de Parisiens n'ont pas dans la tête une mélodie corse ou une bourrée auvergnate, le souvenir d'une odeur de pommes dans un chemin normand, ou un faible atavique pour le cassoulet toulousain? Fort peu. Ceux-là sont les Parisiens de Paris dont l'arrière-arrière-grand-père habitait, en 1830, rue Saint-Roch, où il faisait com-

▽ *Les marchands d'oiseaux s'installent dans la Cité le dimanche matin, sur la place bien nommée du Marché-aux-Fleurs. C'est un lieu de promenade animé, même pour qui n'achète pas.*
Phot. L. de Selva.

◁ *Le « zouave » du pont de l'Alma, le dernier des quatre qui, depuis le second Empire, gardaient le précédent édifice, est une source de renseignements précieuse pour les Parisiens. Lors des crues de la Seine, son nom revient sur toutes les bouches et son importance croît avec la montée des eaux. Lors des inondations de 1901, il était noyé jusqu'au menton.*
Phot. L. Girard.

la Seine 3

△ De la terrasse des Tuileries, on découvre la place de la Concorde et sa majestueuse ordonnance, due à l'architecte Jacques-Ange Gabriel qui, en 1787, transforma un ancien marais en un vaste espace octogonal... mondialement renommé. Dès les premiers beaux jours, à l'heure du déjeuner, les amateurs de soleil s'installent dans ces fauteuils qu'ils déplacent à leur gré ; jusqu'à une époque récente, la « chaisière » passait de temps à autre pour en percevoir le modeste loyer.
Phot. Souverbie-Top.

▷ Les parcs et jardins sont remarquablement entretenus et fleuris par un service spécial de la mairie de Paris. Le jardin des Tuileries (ici) commence à se dessiner sous Catherine de Médicis et, en 1636, Louis XIII crée le Jardin des Plantes. Aujourd'hui, les espaces verts parisiens ne cessent de s'étendre.
Phot. Boulat-Top.

4 la Seine

merce de drap, et dont la grand-tante maternelle est enterrée au Père-Lachaise ou à Montparnasse comme tous leurs autres ascendants. Ils sont très rares, mais peu importe, car tous les Français, en définitive, peuvent se dire que celui qui repose pour l'éternité sous l'arc de triomphe de l'Étoile et auquel on apporte tant de gerbes et de couronnes est peut-être de leur famille.

Cela dit, les liens des Parisiens avec leur « terroir » sont d'un ordre particulier. Ils ne lui appartiennent pas. Qu'ils y soient nés ou qu'ils aient choisi d'y vivre, c'est la ville qui leur appartient, les choses en sont tout inversées. Voilà pourquoi qui se propose de parler de Paris se retrouve en train de parler des Parisiens. Paris est officiellement divisé en arrondissements, mais les Parisiens habitent dans des « quartiers ». Au XIII siècle, la ville était scindée en quatre parties — ou quartiers —, et le mot est resté. Ce petit mot d'allure militaire et bien carré cache, en fait, toutes sortes de notions complexes et parfois mystérieuses, une matière riche et tentante qu'il faut analyser avec d'autant plus de délicatesse que ses habitants sont, à cet égard, d'une grande sensibilité, comme si l'on touchait à une sorte de prolongement d'eux-mêmes.

Chacun possède son quartier personnel, évidemment rebelle à tout découpage administratif, car lui seul en connaît les limites. Lorsqu'un Parisien dit « mon quartier », il s'agit d'une sorte de Paris individuel : il a découpé dans la masse de pierres et d'arbres son morceau bien à lui pour s'en faire un nid ; il y a tracé son itinéraire, sa place, ses repères, établi son centre. Il est bien, là-dedans, comme un chat dans une maison et, comme lui, il n'aime guère y voir changer quelque chose et tourne autour des innovations, sourcils froncés, avec circonspection. L'endroit peut paraître laid ou triste au visiteur occasionnel, pour lui il aura toujours quelque chose qui le réjouira, qui lui fera chaud au cœur. Le fait même que d'autres y sont insensibles, qu'il est le seul à le connaître et savoir l'aimer donne à « son quartier » une valeur particulière, comme à ces objets indescriptibles que, enfant, l'on cache dans des boîtes ou des tiroirs et qui deviennent ainsi des trésors. L'axe du quartier d'un Parisien est, bien sûr, « sa » rue.

Les pavés de Paris

La rue d'une ville n'a que peu de rapport avec la route ou le chemin de campagne. Elle ne mène pas seulement d'un point à un autre, mais c'est un organe essentiel, animé d'une vie collective. Avant que l'on ait eu l'idée fâcheuse de baptiser les rues de noms de morts qui n'ont aucun rapport avec elles, les habitants eux-mêmes leur trouvaient des noms « parlants ». Il y avait ainsi, en 1230 « la rue qui va du petit pont à la place Saint-Michel », une des plus vieilles rues de Paris, puisqu'elle se trouvait dans la Cité, sur le trajet gaulois, entre le grand pont et le petit pont. Elle commençait dans la rue de la Barillerie (boulevard du Palais), où l'on fabriquait, bien sûr, des tonneaux. Elle a disparu sous la préfecture de police. La rue Coquillière garde le souvenir d'Adam le Coquillier, « patenostrier de corail » en 1355. C'est à toute une famille, celle des Bourdon, que l'on doit la rue des Bourdonnais. Mais comment s'appelait le pâtre de la « ruelle au berger », devenue la rue Bergère ? On travaille le fer, l'or, l'argent dans la rue de la Ferronnerie, de la Coutellerie et celle des Orfèvres. La tradition se prolonge dans le XI arrondissement, de la rue de la Forge-Royale à la cour de l'Industrie, en passant par la place de la Fonderie et la cour des Fabriques. On rêve du passé campagnard de la rue de la Brèche-aux-Loups, de celui de la Butte-aux-Cailles ou du Moulin-des-Prés. Mais, après tout, il n'y

le sophora du Japon

Le sophora du Japon est, malgré son nom, originaire de Chine et de Corée. Le premier fut introduit en Europe en 1747 par le père jésuite d'Incarville. Élégant arbre d'ornement, il est planté en très grand nombre dans les parcs, les jardins, les avenues de Paris.

◁ *Les moineaux sont inséparables de la vie parisienne ; très familiers, ils picorent dans les mains généreuses de tous ceux qui viennent, chaque jour, leur apporter grains et miettes de pain.*
Phot. L. Girard.

◁◁ *Le cours Marigny, à deux pas du palais de l'Élysée, est fréquenté par les philatélistes. Des marchands de timbres s'y installent le jeudi, le samedi et le dimanche ; quelques particuliers viennent y proposer aussi des échanges et des ventes de pièces de leur collection personnelle.*
Phot. Top.

a pas si longtemps, Louis XV chassait « au vol » entre l'Opéra et la Madeleine. La rue des Coutures-Saint-Gervais rappelle une « culture », et le passage du Clos-Bruneau sent son vignoble. La rue Vide-Gousset ne peut dissimuler sa fâcheuse réputation. En 1770, un contribuable excédé avait effacé ce nom pour y inscrire celui du ministre des Finances ! Vingt ans plus tard, elle se trouve sur le trajet de la Bourse à la Banque de France. L'allée des Vertus ironisait clairement et la rue des Francs-Bourgeois ne méritait plus son nom car ces deux rues étaient des repaires de femmes légères et de malandrins. La rue Brisemiche doit son nom au pain offert traditionnellement aux chanoines de Saint-Merri.

Un XIXe siècle puritain nous a fait oublier que les Parisiens, même les plus élégants, parlaient une langue robuste et savoureuse et disaient tout cru ce qu'ils avaient à dire... Ils ne l'écrivaient pas forcément, il est vrai, car, à cette époque, les noms de rues n'étaient pas toujours inscrits sur les murs.

Au début du XVIIIe siècle, en effet, les rues n'avaient pas de noms officiels. Les premières plaques furent posées en 1728 seulement, et les maisons n'eurent de numéros qu'en 1806. Heureusement, les rues de Paris étaient hérissées d'enseignes. On habitait, ainsi, « la maison à la tête de mouton », ou « à côté de la grosse bouteille » (impasse de la Grosse-Bouteille, dans le XVIIIe arrondissement). Grâce à ses enseignes, la rue était « parlante », à une époque où beaucoup de gens ne savaient pas lire. Quant aux célèbres pavés, ils sont dus à Philippe Auguste, qui, incommodé en son palais par l'odeur de la boue remuée par les charrettes, fit daller certaines rues de Paris.

Le vrai pavé, ce cube de grès, de porphyre ou de granit de Bretagne, de 10 à 20 centimètres de côté, qui recouvre encore une bonne moitié des rues de certains arrondissements de Paris, apparut au XVIIe siècle dans la rue des Petits-Carreaux. Le pavage de beaucoup de rues de Paris fit partie des grands travaux d'assainissement et de maintien de l'ordre entrepris plus tard par Louis XIV et son lieutenant général de police Gabriel Nicolas de La Reynie.

▽ *Le Plaza-Athénée, avenue Montaigne, est l'un des plus luxueux hôtels de Paris ; connu du monde entier, il reçoit des personnalités illustres et fortunées. Construit en 1912, il n'a rien perdu de son charme Grand Siècle. Comme à la Belle Époque, des chasseurs accueillent clients et visiteurs sous le dais de l'entrée principale.*
Phot. Delmaré-Pix.

la timbale

La timbale, dont la forme rappelle l'instrument de musique du même nom, a, au cours des siècles, suivi l'évolution des styles dominants de chaque époque. Le style Arts déco (1920-1940), auquel se rattache l'exemplaire très parisien présenté ici, lui donne sa découpe galbée soulignée.

△ Aux beaux jours, les terrasses des grands cafés des Champs-Élysées sont prises d'assaut par une foule où l'élégance raffinée côtoie la plus grande simplicité. Sièges et tables ne sont pas libres longtemps. Une fois installés, les consommateurs regardent passer les piétons. Chaque établissement a son style et sa clientèle ; journalistes, financiers pour certains, cinéastes pour d'autres, oisifs, vendeurs, vendeuses et employés de bureau pour d'autres encore.
Phot. Pratt-Pries-Diaf.

▷ Avenue Montaigne, rue François-Ier, rue du Faubourg-Saint-Honoré sont autant de noms prestigieux, de renom international dû à la haute couture et aux grands couturiers célèbres. Ici, l'entrée de la boutique Christian Dior.
Phot. G. de Laubier-Pix.

la Seine 7

▽ *Si l'allumeur de réverbères a disparu depuis des décennies, les luminaires Grand Siècle alimentés par la « fée électricité » demeurent et requièrent l'entretien d'un homme de l'art qui passe régulièrement les nettoyer, changer les ampoules usées, et faire les réparations indispensables. Le premier éclairage de Paris date de Louis XIV. Une lanterne garnie d'une chandelle fut placée au milieu et à l'extrémité de chaque rue. Des lanternes à réverbère furent installées en 1745.*
Phot. J.-D. Lajoux.

Une étrange ironie se glisse dans cette histoire. Ces pavés, disposés par les rois, serviront un siècle plus tard à construire les barricades de 1789, puis de 1830, de 1848, de 1871 et de 1968. Ces pavés qui allaient devenir, bien plus que l'arme des émeutiers, un symbole de la rue en colère. *La dernière raison des peuples, le pavé*, écrivait Victor Hugo, paraphrasant la devise que Louis XIV, justement, faisait graver sur ses canons : *la dernière raison des rois, le boulet.* Elle illustre les rapports, souvent difficiles, que les Parisiens ont toujours entretenus avec leur roi, avec le pouvoir, depuis que Clovis, roi des Francs, en fit sa capitale. Une alternance de haine et d'amour, de luttes et d'équilibre, qui font toute l'histoire de Paris et une bonne partie de l'histoire de France.

Les premiers rois étaient trop nomades pour s'attacher à une ville. Philippe Auguste fut le premier vrai roi de Paris. En même temps que le pouvoir royal s'affirme, la puissance de la ville s'établit. En 1306 éclate la première émeute, en 1358 la première révolte de Paris, celle d'Étienne Marcel. Depuis, elles s'égrènent le long des siècles : 1382, révolte des maillotins ; 1413, émeutes cabochiennes ; 1588, journée des Barricades ; 1648, la Fronde ; 1789, Paris entre dans la légende révolutionnaire. La rue se fâche et le monde entier s'en souviendra... Rois et hommes politiques se méfient de Paris et Paris les surveille. Ulcéré par la Fronde, Louis XIV s'installe à Versailles et garrotte Paris. Les Parisiens y ramèneront Louis XVI de force.

Après mai 1968, sur ordre des pouvoirs publics, les pavés du Quartier latin seront recouverts de bitume... Un siècle plus tôt, Napoléon III et Haussmann, se souvenant des 65 barricades du faubourg Saint-Antoine, taillèrent dans le tissu serré des vieux quartiers de larges avenues, aboutissant généralement à une caserne... En 1871, c'est dans la chair de Paris que les versaillais trancheront d'ouest en est pour arriver, le 28 mai, dans les ultimes bastions de Belleville et de Ménilmontant, où les derniers fédérés meurent le dos au mur dans le cimetière du Père-Lachaise. Avec la Commune de Paris, les quartiers de l'Est entrent à leur tour dans la légende parisienne.

Les « pays » de Paris

Belleville, Ménilmontant, faubourg Saint-Antoine, voilà des noms qui ont un pouvoir d'évocation immédiate. On peut en égrener d'autres : le Marais, les Halles, Montmartre, Auteuil, Passy, le Temple, l'île Saint-Louis, le Sentier, ou encore, les Boulevards. Ce sont des quartiers de la rive droite.

Il ne s'agit plus de ces territoires individuels dont nous parlions tout à l'heure, mais de « pays » parisiens qui présentent, d'une manière ou d'une autre, une certaine unité. Peu à peu ils sont entrés dans la vie de la capitale, dans son histoire, sa légende ou son folklore ; ils avaient une personnalité assez forte pour se faire un nom, alors que d'autres quartiers, qui n'en avaient pas, essayaient de se raccrocher à eux et, finalement, se contentaient d'un numéro. Leur baptême n'a pas fait l'objet d'une décision administrative ; ce fut une décision de la rue ou de l'opinion publique. Voilà la vraie tradition.

Leurs noms ont des origines très diverses : un lieudit pour le Marais, des « collines » pour Montmartre, d'anciens « villages » pour Bercy, Auteuil, Passy, Ménilmontant, Belleville et La Villette. Cela peut être aussi une rue, une place, une avenue ou un faubourg.

On peut mettre le doigt dessus sur une carte, mais il est bien difficile d'en dessiner les contours. Ils sont aussi rebelles aux contraintes administratives qu'un territoire individuel. Le Marais s'étale dans le IVe et grignote une tranche du IIIe. Le faubourg Saint-Antoine se répartit presque également au nord et au sud de la frontière entre le XIe et le XIIe. Montmartre tient tout entier dans le XVIIIe, où il ne voisine que sur le papier avec Barbès et la Goutte d'Or. Impossible de dire aux riverains de la rue de Belleville qu'ils n'habitent pas le même quartier, même si le côté gauche est dans le XIXe et le côté droit dans le XXe, et mieux vaut ne pas les confondre avec « ceux » de Ménilmontant, dans le XXe. Il existe, quelque part, une frontière, invisible pour tout le monde, sauf pour eux.

Passy et Auteuil, anciens villages, voisinent volontiers à l'intérieur du XVIe arrondissement, lui-même nettement inscrit dans sa géographie bien nette, bois de Boulogne d'un côté, rives de la Seine de l'autre.

Les quartiers parisiens sont des réalités mouvantes, vivantes, qui naissent, grandissent, évoluent, se transforment toujours, meurent parfois, renaissent souvent. Ils ne peuvent être créés artificiellement, mais sont parfois ranimés avec bonheur, comme les Halles, le plus ancien « quartier » de Paris, qui conserve, au fil de ses siècles d'existence, sa fonction, son langage, ses légendes, toute une tradition, un folklore riche et parfumé comme ses « soupes à l'oignon », généreux comme son « beaujolais nouveau ».

Un jour, il n'y a pas très longtemps, on enleva ce qui paraissait être sa raison d'être à ce « ventre de Paris », on arracha les pavillons de métal dessinés par Baltard, on fit des trous, dont ensuite on ne sut plus que faire. Alors on y construisit des choses bizarres, une sorte de fontaine de métal à l'envers coulant autour d'un entonnoir jusqu'au métro : voici le Forum des Halles, centre commercial qui devrait échanger son nom avec le Centre Georges-Pompidou, plus familièrement appelé Beaubourg, et qui, lui, est un véritable *forum*, où l'on regarde, écoute, discute. Les deux ensembles paraissent n'avoir rien de commun, si ce n'est la controverse soulevée par leurs conceptions architecturales. Tous deux semblent sans lien avec ce qui les entoure, les vieilles maisons soigneusement rénovées de la rue Quincampoix, ou les vestiges indéracinables de l'ancien quartier des Halles : boucheries ou charcuteries en gros, boutiques de « salaison ficelle », maisons spécialisées en boyaux pour andouilles et saucisses, accrochées le long de la rue du Jour comme des arapèdes à leur rocher, entre deux boutiques de mode d'avant-garde.

Contrairement aux apparences, des Halles à Beaubourg, tout cela vit bien ensemble. On y vient pour acheter ou vendre, regarder, manger ou se distraire, on y traîne, on y flâne et l'on passe de l'un à l'autre très naturellement. C'est un vrai quartier parisien, tout neuf dans ses vieilles pierres. Perdant sa raison d'être, il a trouvé le moyen de renaître avant même d'être terminé, dans un fouillis de chantiers informes, on ne sait trop

▽ *Les colonnes Morris, si caractéristiques de Paris qu'à l'étranger elles lui servent de symboles, rendent compte de la riche vie culturelle de la capitale : pièces de théâtre, concerts, ballets, films nouveaux y sont à l'affiche. Leur nom vient de celui de leur premier concessionnaire, l'imprimeur Morris.*
Phot. Tetefolle-Explorer.

▽ *Les marchands de journaux ambulants comptent parmi les figures les plus représentatives des rues de Paris. Des vendeurs généralement silencieux depuis l'interdiction de crier les titres déambulent toujours sur les boulevards ; leur pile de journaux sur le bras, ils sont prompts à tendre au passant intéressé l'exemplaire qu'ils brandissent à la main et qu'ils échangent rapidement contre la monnaie.*
Phot. Bernager-Explorer.

la Seine 9

le chat de gouttière

Le chat de « gouttière » appartient à la race des « Européens » et hante, comme son nom l'indique, gouttières et toits gris de Paris. Robuste et bien charpenté, il vit solitaire, libre et indépendant, se suffisant à lui-même en recherchant sa nourriture, et se choisissant des caches pour dormir.

▷ *Rue Quincampoix... L'énoncé de ce nom évoque le Bossu, roman de Paul Féval où se trouve campée cette époque riche en événements financiers que fut la Régence : c'est dans cette étroite rue, aujourd'hui piétonne, que se faisaient les échanges des actions lancées par la banque Law.*
Phot. Bouillot-Marco Polo.

ni pourquoi ni comment. La naissance et la mort des quartiers n'a souvent rien à faire de la logique ; en revanche, elles doivent beaucoup à la mode, cette notion normalement imprévisible et impalpable dont la ville fait commerce depuis si longtemps qu'elle croit l'avoir inventée.

Des actes de foi, des actes de joie !

Les Halles sont mortes, vive Beaubourg ! Encore un peu informe, ce nouveau quartier palpite au cœur de Paris ; l'événement est plus important qu'il n'y paraît, car il démontre que la vieille cité est encore capable de renouveler ses cellules. Depuis un demi-siècle il semblait qu'elle puisse uniquement s'enfler de banlieues, ou se dissocier en quartiers étanches, se hérisser d'îlots indigestes plantés bêtement dans le tissu de ses vieux quartiers. Elle perdait ainsi ce qui la rend plus vivable que la plupart des autres grandes villes du monde occidental : des lieux privilégiés où se côtoient avec bonheur les choses et les gens les plus disparates, des moments heureux où une ville cesse d'être une construction artificielle et contraignante, un patchwork de solitudes égoïstes, pour devenir une entité humaine, sorte d'être unicellulaire dont il fait bon faire partie. Lieux privilégiés, moments heureux qui font la vraie fête parisienne, celle qui a lieu à tout instant, sans souci du calendrier.

La célébration des grandes fêtes a beaucoup changé. À l'heure actuelle, à l'occasion de Pâques, de l'Ascension, de la Pentecôte ou de la Toussaint, les Parisiens se livrent à un rituel sauvage, frénétique et foncièrement citadin, qui consiste à s'entasser dans des voitures et à fuir la ville... tous ensemble, bien sûr ! Cela s'appelle « faire le pont ». De longues cohortes de métal quittent alors Paris par toutes ses issues, dans un concert d'avertisseurs et d'imprécations, dans un nuage de fumées asphyxiantes, dans une sorte de furie collective où l'on risque sa vie à chaque instant. Ces défilés s'accompagnent de réjouissances ponctuelles appelées « bouchons ». Les ethnologues des temps futurs, étudiant le phénomène, en concluront probablement qu'il s'agissait là d'un de ces rites d'exorcisme accompagnant traditionnellement le calendrier agraire, analogue à celui qui consistait, jusqu'au milieu du XVIIe siècle, à faire brûler des chats dans le bûcher de la Saint-Jean allumé le 23 juin sur la place de Grève, coutume qui, elle, pourrait bien remonter à la plus haute antiquité, aux grandes célébrations celtiques du solstice d'été, peut-être accompagnées de sacrifices humains.

Les fêtes d'une ville sont différentes de celles de la campagne, et Paris a oublié depuis longtemps ses origines paysannes. On ne danse plus, à la Saint-Vincent des vignerons, sur les pelouses du Ranelagh, à Auteuil ; on ne fête plus la Saint-Fiacre des maraîchers au village de Passy. Montmartre a toujours sa sympathique fête des vendanges le premier samedi d'octobre, mais ces réjouissances-là n'ont rien à voir avec les vignerons, peu nombreux à Montmartre en dehors des jardiniers qui « dorlotent » les 1 800 mètres carrés produisant environ 480 bouteilles de « clos montmartre » (vendues aux enchères au profit des œuvres sociales de la « commune de Montmartre »). C'est une fête bien parisienne, en l'honneur d'un de ses plus célèbres quartiers, la butte Montmartre.

La tradition festive du Paris médiéval était d'une grande complexité. Si l'on en croit le calendrier des boulangers du XIIIe siècle, il y avait, en dehors des « quatre bonnes fêtes », ou fêtes Notre-Dame (l'Assomption, Noël, la Chandeleur et l'Annonciation), trois fêtes mobiles (le lundi de Pâques, la Pentecôte et le lundi de Pentecôte), et une bonne vingtaine de fêtes fixes, pendant lesquelles il était stipulé *nul talemelier ne puet cuire* (« un boulanger ne peut cuire de pain »).

Il faut y ajouter les fêtes de tous les « patrons » : la fête du saint patron de la paroisse, appelée par les commerçants et artisans « fête des ais de la boutique » (les ais étant des planches de bois utilisées par beaucoup de corporations ; il y avait aussi les ais à rogner des relieurs et les ais à couper des mégissiers, par exemple) ; la fête du saint patron de la corporation, la

△ Un Paris bucolique et inattendu se découvre sur la façade d'un café situé près du métro Charonne. Le propriétaire fête les vendanges et tire chaque année de sa vigne 30 à 40 bouteilles d'un vin qui est vendu au profit d'œuvres.
Phot. J. Verroust.

◁ Dans les rues proches des anciennes halles, certains commerçants spécialisés dans les primeurs et les produits alimentaires de première fraîcheur ont maintenu ouvertes leurs boutiques.
Phot. Bérenger-Pix.

la Seine 11

fête de ceux du maître, de l'ouvrier et de leur femme. N'oublions pas les fêtes royales, ces réjouissances que le souverain offrait à sa bonne ville. Au total, plus de trente fêtes. En additionnant dimanches, fêtes et la demi-journée de la veille (jours chômés obligatoirement) aux fêtes familiales (mariages, enterrements ou baptêmes), on s'aperçoit que plus d'un tiers de l'année est consacré au repos ou à diverses réjouissances. Alfred Franklin, dans son *Dictionnaire des métiers*, rapporte que plusieurs rois avaient essayé de réduire ce nombre. Louis XIV, en particulier, agacé par la lenteur des travaux du Louvre, avait chargé Colbert de négocier avec l'archevêque de Paris une réduction de ces jours chômés : il soulignait que « ces jours, lesquels dans l'intention de ceux qui les ont établis auroient dû être employés en prières et en actions pieuses, ne servoient plus que d'une occasion de débauche ».

Dans le calendrier proprement parisien figuraient, naturellement, les deux saints patrons de Paris, saint Denis, l'évêque martyr, qu'une tradition fait décapiter à Montmartre, « mont des martyrs », et que la légende fait marcher la tête sous le bras jusqu'à Saint-Denis, où s'édifiera la basilique royale. Et, surtout, sainte Geneviève, la pure héroïne qui sauva Paris des hordes d'Attila. Aucune ville digne de ce nom ne peut se passer de ces saints protecteurs : ils apposent le sceau divin sur son acte de naissance, sanctifient son existence.

Ne parlons pas de tous les saints familiers — pieuse justification d'innombrables fêtes, que les confréries accrochent à leur bannière : saint Martin pour les meuniers, saint Éloi pour les forgerons et les orfèvres, qui s'obstine encore aujourd'hui, dans les maternelles, à empêcher le bon roi Dagobert de s'habiller à l'envers...

Voyons un peu ces fêtes populaires venues du fond des âges. Bien plus que des actes de foi, ce sont des actes de joie, de chaude gaieté familiale ou de liesse collective, bénis par l'Église, et qui peuvent aller jusqu'au déchaînement. Fêtes de la communauté, elles prennent dans la vie citadine, et plus encore dans une grande ville comme Paris, une importance considérable et des formes parfois excessives. Fêtes des fous et des innocents autour du premier de l'an, mardi gras et mi-carême, et, bien sûr, carnaval. Masques, déguisements, orgies de nourriture et de boissons. On y tourne en dérision tout ce qui pèse si lourd toute l'année, tout ce qui contraint, le pouvoir de l'Église, celui du roi et les tabous sexuels. On exorcise la faim et la misère, la peur du lendemain, avec un espoir de renouveau et des souhaits de richesse, des simulacres de pouvoir ; on brûle les mauvais souvenirs — et les chats — dans l'attente de la moisson. On élit un « pape des fous » ; il dit la messe à Notre-Dame, on l'encense avec du boudin et des andouilles. On trouve une royauté éphémère dans une galette. On promène un bœuf gras dans les rues de la ville. On change de peau et, sous un masque, tout est permis...

Au cours des siècles, les fêtes se modifient. Certaines apparaissent et disparaissent. La mode l'emporte, ici aussi. Le jour des Rois revêt, à Paris, une importance particulière ; la cour aussi « tire les rois ». Et la « reine »

▽ *Dans le quartier de la Bourse et derrière le Palais-Royal, les passages couverts ont un charme désuet et quelque peu mystérieux. À leur création, dans la première moitié du XIXe siècle, ils étaient éclairés au gaz. Des boutiques de luxe s'y installèrent. Le passage Vivienne, avec ses verrières lumineuses, ses plafonds à caissons et ses sculptures à la grecque, est l'un des plus beaux.*
Phot. M. Breton.

12 la Seine

de la fête reçoit toute charge royale qui vient à se libérer dans les vingt-quatre heures. Au XVIII€ siècle, la galette des rois fait fureur, au point que, en 1770, Paris risquant de manquer de farine à la suite d'inondations, on interdit aux boulangers d'en faire. Pendant la semaine de l'Épiphanie, Paris consommait 100 muids (environ 200 tonnes) de farine. Au milieu du XIV€ siècle, la fève avait été remplacée par un jésus de porcelaine et toute la cité en avait parlé.

La grande époque du carnaval parisien fut celle de Louis-Philippe. Son apothéose était la « descente de la Courtille » : le mercredi des Cendres, à peine remise d'une folle nuit dans les guinguettes des barrières, la foule dévalait, depuis les hauteurs de Belleville jusqu'aux boulevards, sur un parcours jalonné de bals et de cabarets. L'ivresse était de mise, la licence de rigueur ; pas de batailles de fleurs, mais des concours d'injures. Les concurrents s'entraînaient à l'avance et puisaient, pour bien « s'engueuler » — le mot est d'époque —, dans le riche vocabulaire « poissard » des Halles. Ce cortège déchaîné était passé de mode en 1848, année qui devait voir d'autres cortèges descendre des quartiers ouvriers de l'Est. Notre époque paraît avoir oublié ces grands « défouloirs » collectifs.

◁ *Dans le faubourg Saint-Antoine, les traditions de l'ébénisterie remontent au Moyen Âge : Louis XI accorda à l'abbaye royale de Saint-Antoine, autour de laquelle s'est formé le faubourg, des privilèges dont bénéficièrent les artisans qui s'étaient installés là ; plus tard, Colbert les autorisait à reproduire les modèles des ateliers royaux. Aujourd'hui, malgré la transformation des méthodes de travail, de nombreux ateliers, petits et grands, fabriquent des meubles de style de très grande qualité ; certains restaurent également des pièces anciennes.*
Phot. G. de Laubier.

la commode

Plaquée de bois précieux — amarante, bois de rose, sycomore — sur chêne, cette commode du dernier tiers du XVIII€ siècle témoigne bien du goût parisien pour les meubles de faible volume, à l'esthétique raffinée.

△ *Le passage Véro-Dodat, construit en 1826, perpendiculaire à la rue Croix-des-Petits-Champs, dans le I€r arrondissement, a retrouvé vie avec l'installation d'artisans et d'antiquaires.*
Phot. Doisneau-Rapho.

▷ *Alignées comme pour la parade, les têtes de bois, mémoire du perruquier, portent souvent des noms prestigieux : tous les grands du théâtre, ou presque, ont ainsi leur marotte chez Guy Bertrand.*

▽▷ *L'aube de la fabrication d'une perruque. Depuis cent cinquante ans, le geste est immuablement le même : les doigts experts nouent finement, et selon des règles établies une fois pour toutes, de minuscules mèches de cheveux. Le résultat donne une frange extrêmement ténue, dont le fil porteur réclame une attache solide pour éviter aux cheveux de glisser. Puis les minces franges sont épinglées sur la monture de tulle et, à l'aide d'un crochet spécial, l'ouvrière fait passer, un à un, les cheveux dans les mailles du canevas. Un travail de Pénélope qui demande autant d'acuité visuelle que de dextérité.*

SUR LE CHEMIN DE LA BUTTE
Le figaro des spectacles

Dans une vitrine, une collection de fers à friser et à papillotes voisine avec des médaillons de cheveux finement entrelacés. Une authentique perruque du XVIIe siècle et sa poudreuse font face à un masque de cuir de la *commedia dell'arte*. À côté, une bibliothèque consacrée au théâtre et à l'art du perruquier. Ici, tout est marqué au sceau du théâtre et du cheveu.

Nous sommes chez Guy Bertrand, perruquier de son état, mais qui n'a jamais oublié son ancienne vocation de chanteur lyrique. Dans le monde du théâtre, il se sent chez lui. Il en fait partie au même titre que le décorateur, le costumier ou l'électricien, autant d'artistes sans qui un spectacle ne saurait prendre sa réalité.

Cheville ouvrière d'une maison née avec le siècle, « Monsieur Guy » a emmagasiné des souvenirs prestigieux où reviennent les plus grands noms du répertoire. Pour l'Opéra, l'Opéra-Comique, la Comédie-Française, il n'est perruques que de Bertrand. Et le cinéma, la télévision font également appel à ses talents de posticheur.

— Et ce n'est pas uniquement pour des films à costumes, précise-t-il. Ainsi, il nous arrive fréquemment de devoir recréer, sur un acteur, une barbe ou des cheveux longs, sacrifiés pour les besoins d'un rôle précédent. L'ouvrière travaille alors avec la photo de l'acteur constamment sous les yeux.

Chez Bertrand se fournit aussi une clientèle de particuliers, habitués des bals costumés ou des dîners de têtes. Après chaque location, la spécialiste maison nettoie et recoiffe les perruques.

▽ *Plus profonde est la calvitie, plus ardue se révèle l'élaboration de la perruque : au cinéma, à la télévision, les gros plans ne pardonnent pas. Ils exigent une extrême précision dans les détails. La monture de tulle adaptée à la tête du comédien qui incarnera le général de Gaulle, la mise en place des cheveux — toujours à l'unité — va se faire dans le sens de l'implantation des cheveux du modèle.*

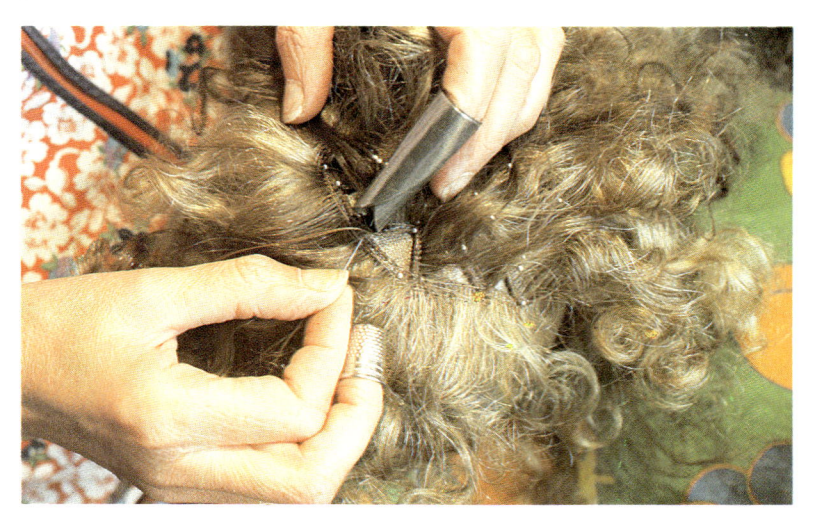

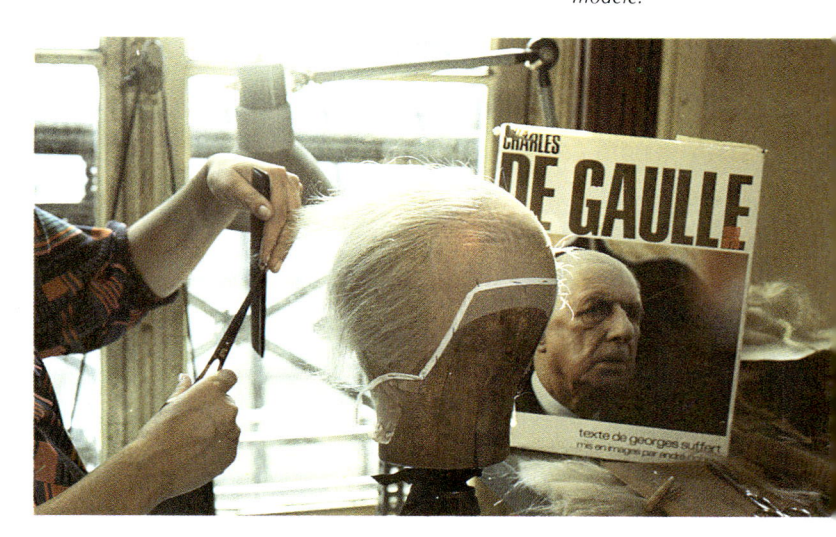

14 la Seine

— Les mêmes soins sont apportés, bien entendu, au matériel de théâtre, intervient Guy Bertrand, qui ne peut s'empêcher de revenir à son enfant chéri. Toutes nos perruques de théâtre sont régulièrement entretenues (plusieurs fois par semaine). Prises le matin, elles sont reportées pour la représentation du soir par notre spécialiste, qui se charge elle-même de coiffer les artistes.

Travail uniquement manuel, la réalisation d'une perruque réclame quelque 45 heures de main-d'œuvre. Tout débute par la « douilleuse », ouvrière chargée de préparer le matériel. Elle assortit les couleurs de cheveux, au besoin teint ceux-ci ou les décolore, les trie et les classe par longueur.

Achetés « au kilo », les cheveux proviennent de plusieurs sources, européennes et asiatiques, les siciliens étant les plus recherchés pour leur finesse et leur soyeux. Les cheveux orientaux présentent moins de souplesse, mais leur solidité les rend appréciables. Pour les échafaudages compliqués des coiffures Louis XIV ou Louis XV, pour les perruques de music-hall, rien ne surpasse les longs poils du yack, le buffle du Tibet. Mais, quel que soit le matériau utilisé, la technique de fabrication se déroule immuablement de la même façon.

On commence par prendre soigneusement les mesures de la tête à « perruquer », que l'on reporte sur un modèle en bois. Puis on prépare une monture en tulle ou en gaze. Jadis, cette monture était elle-même en cheveux, travaillée au fuseau par les dentellières d'Alençon ou d'Argentan : un procédé tombé en désuétude en raison de son coût élevé.

La monture ajustée aux bonnes dimensions, on implante les cheveux, un à un, à l'aide d'un minuscule crochet. La perruque est ensuite mise en plis sur des rouleaux, mouillée, séchée, coiffée, traitement courant chez les artistes capillaires pour dames.

Artiste, Guy Bertrand l'est dans l'âme. Sans doute est-ce pour cette raison qu'il regrette de ne plus être, comme naguère, de toutes les productions théâtrales parisiennes. Trop fréquemment à son gré, les réalisateurs étrangers venant monter des spectacles dans la capitale amènent avec eux leur propre équipe technique. Y compris le perruquier. M. Guy se sent un peu frustré. Il n'en perd pas pour autant une parcelle de sa joie à évoquer les réalisations de la maison, toujours dans le cadre du spectacle.

— « Nous » avons monté *les Misérables,* raconte-t-il, et *Amadeus,* ainsi que le *Mozart* de la T.V.

Un pluriel de majesté plus concluant qu'un long commentaire.

△▷ *Perruques de style, postiches modernes, tresses rousses et boucles blondes voisinent en une palette bigarrée dans le salon, où la coiffeuse, souriante gardienne des scalps, exerce ses talents. Mise en plis sur des rouleaux, séchée à l'étuve, cette perruque louis-quatorzienne arrive entre les mains de la coiffeuse pour un ultime coup de fer. Des mains expertes qui peignent, lissent, bouclent savamment. Le fer à repasser mis à part, les instruments de travail sont rigoureusement les mêmes que chez les meilleurs capilliculteurs. Mais ici on trouve en plus une énorme documentation sur l'art du cheveu. Chez Guy Bertrand, l'art et l'histoire font aussi bon ménage.*

◁ *Étagés du sol au plafond et tout autour de plusieurs pièces, les tiroirs du magasin de Guy Bertrand recèlent des milliers de perruques classées par genre et par style, qui évoquent les fastes de la scène et de l'écran. Et, devant tous ces échantillons capillaires stockés là en quête d'emploi, on se prend à rêver que, toutes portes closes, autant de fantômes viennent rôder dans ces antichambres du spectacle. Ombres illustres ou modestes silhouettes revenant, l'espace d'une nuit, se donner l'illusion de la gloire.*

Photos R. Mazin-S.R.D.

Paris, théâtre des nations

L'esprit parisien de la fête ne meurt pas cependant ; il a toujours ses formes particulières. Disparus les fastes des grands cortèges royaux que le 14-Juillet, pourtant bien parisien, ne saurait remplacer. Pourtant, après la prise de la Bastille, Paris ne perd pas l'habitude de danser sur un volcan et de déguiser ses misères. « Quand il est mécontent, Paris se masque. De quel masque ! D'un masque de bal. Aux heures où d'autres prendraient le deuil, il déconcerte étrangement l'observateur. En fait de suaire, il met un domino », remarque Victor Hugo. Au célèbre écriteau posé sur les restes de la Bastille le 14 juillet 1790, *Ici l'on danse,* fait écho l'un des graffiti de mai 1968 sur les murs de la Sorbonne *Sous les pavés, la plage.*

Notre époque serait-elle trop facile pour chercher à s'étourdir de fêtes ? Ou ces dernières ont-elles simplement changé de visage ?

En 1895, l'antique cortège du « bœuf gras », fils du veau d'or, fut remplacé par la « vachalcade » ironique que les artistes de Montmartre avaient organisée, le char de la « Liberté sur la barricade » voisinant avec celui de la « vache enragée ». Faut-il y voir l'ébauche des cortèges du 1er mai devenu, en 1889, fête du Travail et des revendications ouvrières ? Il y a, en tout cas, dans les manifestations, quelque chose qui ressemble bien à une fête, avec les cortèges, les chansons, les rites et les itinéraires privilégiés.

Paris n'a pas oublié ces fêtes que sont les foires et les marchés. Depuis la petite fête hebdomadaire du marché de quartier jusqu'aux grandes foires internationales et annuelles, en passant par ces fêtes perpétuelles et particulières que sont le marché aux fleurs et aux oiseaux, le marché aux puces ou aux timbres. Après tout, il s'agit des origines mêmes de la ville, port et marché des « nautes parisii » quand arrivèrent les légions de César. Paris, ville royale, est aussi ville marchande ; les « marchands de l'eau » lui donnèrent une partie de ses armoiries, la « nef » de Paris, au-dessus de laquelle le roi apposera ses fleurs de lys.

Foire à la ferraille et au jambon, foire du Trône — la doyenne des fêtes commerçantes —, on y vend des pains d'épice et des gâteaux en forme de cochons depuis le Xe siècle.

Grands magasins à la veille de Noël, « lèche-vitrines » place Vendôme ou faubourg Saint-Honoré, courses du samedi au Forum des Halles, bousculades autour des « fringues » du marché Malik, flâneries le long des quais où s'alignent les bouquinistes, pacotille étalée sur le trottoir... Acheter, à Paris, est aussi une fête.

Dans les quartiers de Paris, tout se côtoie, se mêle et la fête des uns est le travail, parfois même la fortune des autres. Dans ces lieux privilégiés comme dans les grandes foires médiévales, tout est spectacle et plaisir : les étalages, les camelots, les acrobates et les bonimenteurs, les marchandages... Au XVIIe siècle, sur le Pont-Neuf, Tabarin et Mondor jouent leurs farces pour attirer les clients. Molière sera leur disciple, le théâtre parisien est né là. Plus tard, sur les Boulevards où courent bons mots et potins, naîtra le vaudeville.

La mode déplace la foule d'un « centre » à l'autre, selon l'humeur de l'époque. Même vers un cimetière : le charnier des Innocents fut un de ces points de rencontre. On se presse durant un siècle dans les galeries du Palais-Royal ; durant l'autre, on parcourt les Boulevards. Au pied de leur moulin, les meuniers de la butte Montmartre et ceux de Montparnasse vendent du « vin guinguet », il est moins cher hors des murs de la ville et de ses barrières d'octroi. Ces « guinguettes » seront un jour célèbres. Ces quartiers-là sont des scènes où Paris se donne en spectacle. Il se flatte parfois d'avoir le monde entier pour spectateur. « Paris, théâtre des nations », dira Madame de Sévigné. Les

▽ *La blanchisserie Vendôme, rue du Mont-Thabor, est l'une des dernières de Paris à repasser entièrement à la main le linge qui lui est confié. Fondée au début du siècle, elle emploie 16 personnes, dont 15 repasseuses, et a pour clientèle essentielle l'Élysée et les ambassades. Au début du siècle, nombreuses étaient les blanchisseuses et repasseuses dans ce quartier où couturiers et couturières travaillaient à de compliqués tuyautés de guimpes et à de fines broderies sur tulle ou organdi qui, au sortir des ateliers, nécessitaient une présentation parfaite pour livraison aux clients fortunés ou exposition dans les boutiques de luxe.*
Phot. L. Girard.

△ Paris est la capitale mondiale de la haute joaillerie. De somptueuses boutiques ornent de leurs parures les façades belles et austères de la rue de la Paix et de la place Vendôme. De New York à Tōkyō, les grands noms inscrits ici sont connus... même de ceux qui ne peuvent être acheteurs. Ici, l'atelier de la maison Chaumet, créée en 1780.
Phot. Doisneau-Rapho.

◁ La reliure, métier d'art dont les origines remontent au Moyen Âge, fait partie des traditions parisiennes. Plusieurs ateliers travaillent à l'ancienne, sur commande d'une clientèle d'amateurs, grands connaisseurs, le plus souvent, et collectionneurs, qui apportent des livres de prix. La dorure se fait toujours au fer et à l'or fin.
Phot. G. de Laubier.

la Seine 17

▽ *Le centre Georges-Pompidou, plus familièrement appelé « Beaubourg », est devenu, depuis son achèvement en 1977, un lieu de rencontre des Parisiens de tout âge, et de fêtes permanentes : à l'intérieur, se déroulent des expositions et des manifestations artistiques d'avant-garde ; sur le parvis, clowns, mimes, cracheurs de feu et saltimbanques sont identiques à ceux que l'on pouvait voir, aux siècles passés, sur le Pont-Neuf.*
Phot. Mazin-Top.

meilleurs spectateurs sont les Parisiens eux-mêmes. Public difficile, il a un faible pour les baladins. Lorsque ces derniers passaient l'octroi, il ne leur en coûtait pas un sol : le jongleur jonglait, le montreur d'animaux faisait faire trois petits tours à sa ménagerie... et ils passaient ; de là l'expression « payer en monnaie de singe ». Il y a des cracheurs de feu et des joueurs de flûte sur l'esplanade, devant Beaubourg. Certains soirs, un tam-tam sauvage rebondit sur les murs des vieilles maisons et sur les tuyaux du Centre. La vieille place de la « croisée des chemins » en a entendu d'autres. Paris est incorrigible.

Heureusement, car les Parisiens s'affairent trop, et la ville leur grignote le temps. La plupart travaillent dans un quartier, dorment dans un autre, et s'amusent dans un troisième, sans parler du million de travailleurs que Paris avale le matin et recrache le soir par toutes ses portes, son R.E.R. et ses gares (la gare Saint-Lazare est la troisième gare du monde, après celles de Chicago et de Tōkyō).

La ville en vitrine et la ville secrète

Pour le plaisir, le sommeil et le travail, Paris a ses lieux et ses moments. La rive droite dort à la périphérie et travaille au centre, déserté la nuit en dehors de quelques îlots réservés aux noctambules, parenthèses de néons et de flonflons dans la nuit parisienne. Du lundi au vendredi, de 7 heures à 9 heures du matin et de 5 heures à 7 heures du soir, tout Paris est hors de lui ; la ville semble habitée par un organisme unique, animé d'une pulsation rythmée par les pendules des gares et la succession des rames du métro. Le jour, le centre est un cœur qui bat, qui se gonfle d'une vie venue de la plus lointaine banlieue.

Entouré d'un grand arc de cercle de quartiers surtout résidentiels, le « centre » est un gros croissant, une pointe à l'ouest, vers l'Étoile, une pointe à l'est, vers la Nation. Couronné de gares, jalonné de stations de métro, quadrillé de lignes d'autobus, drainé par de grands axes ou engorgé dans d'étroites ruelles, il est puissamment irrigué par le R.E.R., dont les stations servent de repères aux endroits stratégiques.

Si les quartiers « de nuit » ont leur hiérarchie, d'ouest en est, du plus cossu au plus simple, du « bourgeois » au « populaire », les quartiers de jour ont leurs spécialités, de la plus célèbre à la plus obscure, leur caractère, du plus ostentatoire au plus discret. Tout un monde au travail, des mondes plutôt, qui achètent et vendent, qui financent, dirigent, organisent, qui fabriquent, créent, inventent... Des mondes particuliers, chacun dans son bastion souvent séculaire, avec ses traditions, ses rites,

▷ *Chaque année, au mois de juin, la Ville de Paris et l'Union des syndicats de l'industrie hôtelière organisent une course des garçons de café, plateau garni à la main, qui rassemble environ 300 participants, et dont le parcours, assez long, varie d'une année sur l'autre.*
Phot. Levannier-Pix.

18 la Seine

son langage hermétique au profane, ses « stars » et ses clandestins ; ils tissent entre eux des réseaux complexes, parfois insoupçonnés.

Les métiers ont leurs grands domaines. Le commerce de détail est à l'ouest : des Champs-Élysées au Palais-Royal, de la rue de Rivoli à la gare Saint-Lazare, la vie de la ville est dans la vitrine. Le centre est au commerce de gros et de demi-gros et aussi, avec l'Est, appartient aux artisans et aux petites industries, cachées dans des ateliers au fond des cours ou dans les étages ; la ville mène une vie secrète.

Entre les deux, dans un gros cercle qui empiète sur les autres, le domaine de la « finance » et des « affaires ». Dans ce grand quartier laborieux, chaque spécialité a son fief. Dans les grands immeubles plantureux construits au tournant de ce siècle trônent les banques, de la rue Lafayette au boulevard Haussmann ; les compagnies d'assurances sont du côté du boulevard Malesherbes, les grandes sociétés y ont leur « siège ». Cela s'étire à l'ouest jusqu'à l'Étoile, par l'avenue de Friedland, et cela sent « l'argent » à l'est jusqu'à la Bourse. Ce qui se chuchote ici s'entend à l'autre bout du monde. Il y a des bataillons de cadres surmenés et des armées de secrétaires affairées, des téléphones qui sonnent sans cesse et des machines qui cliquettent.

La presse a investi la rue Réaumur, les « marchands de voyages » siègent autour de l'Opéra, l'automobile remonte l'avenue de la Grande-Armée et redescend l'avenue des Champs-Élysées. Antiquaires et marchands de tableaux prospèrent entre l'avenue Matignon et la rue La Boétie. La haute couture règne faubourg Saint-Honoré, avenue Montaigne et rue François-1er, où elle rencontre les radios périphériques. La haute joaillerie étincelle rue de la Paix et place Vendôme (Paris habille et pare encore rois et reines sans couronne des nouvelles dynasties de l'argent : ainsi, la royale tradition de luxe, de la qualité et du superflu fabuleux ne se perd pas). Tous ces héritiers des fournisseurs royaux sont là : de la place Vendôme, le « souk » de luxe s'allonge vers l'ouest comme s'il voulait encore aller à la cour de Versailles !

Entre la Madeleine, la gare Saint-Lazare et la Chaussée-d'Antin, on s'habille déjà pour moins cher, dans le quartier des « grands boulevards » et des « grands magasins ». Moins cher encore vers l'est, dans le « sentier ». Rue d'Aboukir ou rue de Cléry, la « confection » emplit les immeubles et déborde sur les trottoirs. Paris est toujours la ville de la « Marchandise », selon le nom donné à l'ensemble des grandes corporations du Moyen Âge, les « six corps », qui ont fait la rive droite. Ils tenaient leurs assises dans la maison des Piliers, sur la place de Grève (à l'emplacement de l'hôtel de ville) : il y avait les drapiers, les épiciers, les pelletiers, les merciers et les orfèvres.

Les pelletiers étaient, à cette époque, installés dans les rues situées derrière le quai de la Mégisserie ; ils sont aujourd'hui rue d'Hauteville, rues du Faubourg-Poissonnière et des Petites-Écuries ; à leur gauche se tiennent les diamantaires, rue Lafayette, rue de Châteaudun, rue Buffaut ou rue Cadet. Au XIIIe siècle, les orfèvres étaient presque tous sur le Pont-au-Change (à cette époque, tous les ponts de Paris étaient des rues bordées de maisons de plusieurs étages) ; ils y étaient si nombreux que le martèlement de leurs forges ébranlaient le pont de bois, qui s'écroula plusieurs fois ! Ils sont maintenant plus au nord, dans le Xe arrondissement, aux environs de la rue de Paradis, qui est le

▽ À Paris, comme partout en France, l'armistice qui mit fin à la Première Guerre mondiale, le 11 novembre 1918, est fêté avec émotion et solennité. Les anciens combattants y sont à l'honneur.
Phot. L. Girard.

Quelques rues aux curieux noms

Rue de l'Arbre-Sec : cette rue du XIIIe siècle s'était d'abord appelée rue de la Croix-de-Trahoir ; le nom de l'Arbre-Sec viendrait d'une enseigne qui représentait la potence dressée à la Croix-du-Trahoir, ou de l'arbre de Palestine qui perdit son feuillage le jour de la mort du Christ.

Rue du Bouloi : doit son nom à un jeu de boules qu'elle desservait.

Rue de la Cerisaie : a été percée en 1544 à travers des jardins plantés de cerisiers.

Rue des Écouffes : s'appelait, vers 1300, rue de l'Escouffe, nom venant d'une enseigne représentant un milan, alors appelé « escouffe » ; on donnait ce surnom aux prêteurs sur gage.

Rue du Figuier : porte ce nom depuis le XIIIe siècle ; il est dû à un figuier planté devant l'hôtel.

Rue du Grenier-sur-l'Eau : ce nom est la déformation de « Garnier-sur-l'Eau », un certain Garnier habitant près de la rivière.

Rue des Jardins : s'appelle ainsi depuis le XIIIe siècle, en souvenir des jardins qui bordaient l'enceinte de Philippe Auguste.

Rue au Lard : cette rue du XVIe siècle doit son nom aux charcutiers qui s'y étaient installés.

Rue aux Ours : déformation de « rue aux Oües » (c'est-à-dire « aux oies ») des rôtisseurs, les « oiers », y étant installés au Moyen Âge.

Rue du Petit-Musc : ce nom vient de la déformation de « pute y muse », « la pute (jeune fille) qui y flâne » ou « qui s'y cache ».

Rue des Petits-Carreaux : doit son nom à une enseigne représentant des petits carreaux à carreler.

Rue du Plat-d'Étain : cette rue du XIIIe siècle n'a porté ce nom qu'au XVe siècle ; il vient d'une enseigne de maison, propriété de l'église Sainte-Opportune.

Rue du Roi-de-Sicile : doit son nom à vaste hôtel que fit construire l'un des frères de Saint-Louis, Charles d'Anjou, couronné en 1266 roi de Sicile.

Rue de la Verrerie : son nom est dû à une verrerie qui s'était installée là sous le règne de Philippe Auguste et qui attira une communauté de peintres sur verre et d'émailleurs.

Rue des Vertus : rue du XVIe siècle ; son nom est ironique et lui fut donné par « opposition railleuse aux vices dont cette ruelle était témoin de la part des filles de joie qui l'habitaient ».

(D'après le *Dictionnaire historique des rues de Paris* et *Évocation du vieux Paris*, par Jacques Hillairet, Éd. de Minuit.)

▷ *À Montmartre, le « Lapin Agile », haut lieu de la peinture et des lettres, fut fréquenté par Picasso, Apollinaire, Francis Carco et bien d'autres artistes, célèbres ou non, de la première moitié du XXe siècle.*
Phot. D. Lérault.

---

haut lieu parisien des arts de la table, tout autour des bâtiments de vente des cristalleries de Baccarat. On les trouve aussi dans le IIIe arrondissement, dans le quartier du Temple.

Nous arrivons à la partie la plus secrète, celle des ateliers, des artisans. Le Temple est le plus ancien de ces quartiers. Certaines des corporations actuelles étaient déjà là au XIIIe siècle, dans cette ville dans la ville qu'était le domaine des Templiers, « lieu privilégié » où les artisans disposaient de toutes les libertés qui leur étaient refusées ailleurs. Au XVIIe siècle, les fabricants de bijoux de fantaisie y étaient déjà concentrés ; on appelait d'ailleurs les fausses pierres des « diamants du Temple ». Les bijoutiers « en faux » y côtoient aujourd'hui bijoutiers et joailliers. Le Temple est aussi le fief des artisans spécialisés dans la maroquinerie ; beaucoup sont originaires d'Europe centrale... et de Chine.

L'autre grand quartier d'artisanat traditionnel reste le faubourg Saint-Antoine, où les fabricants de meubles sont installés depuis le XVIIe siècle (la présence de la célèbre école Boulle, rue Pierre-Bourdan, n'est pas un hasard !). Le faubourg Saint-Antoine n'est pas seulement une rue tout entière consacrée aux magasins d'ameublement ; c'est, bien sûr, le « royaume » des ébénistes, des sculpteurs sur bois, des marqueteurs, des vernisseurs, des doreurs ; c'est aussi, depuis 1789, le « faubourg » ouvrier de la légende révolutionnaire, bien avant Belleville et Ménilmontant. C'est, surtout, un quartier fascinant qui couvre une bonne partie du XIe arrondissement et cache toute une vie secrète derrière les porches de ses très vieilles maisons, dans un entrelacs de passages et de cours. On peut y découvrir, à l'ère de l'ordinateur, l'atelier d'un potier d'étain, celui d'un graveur sur verre, d'un facteur de clavecins, d'un étameur ou du fabricant d'enseignes au néon qui souffle ses tubes à la bouche...

La croisée des chemins

La ville est née au milieu de la Seine, au milieu du chemin d'eau qui coule d'Est en Ouest, sur une île, comme un pas entre le Nord et le Sud. Elle a grandi à cette « croisée des chemins », sur la rive droite, depuis un carrefour de voies antiques qui menaient aux quatre coins des plus riches terroirs de France. Toujours assise au centre de sa toile de canaux, de routes et de voies ferrées, elle a repoussé vers ses banlieues la plupart de ses cheminées d'usines et les deux tiers des Parisiens travaillant dans le secteur des « services ». Paris vit dans des bureaux. Les Parisiens courent, tandis qu'un ordinateur crache des fiches au sommet d'une tour de verre.

Au même instant, au cœur du faubourg Saint-Antoine où travaillaient déjà au Moyen Âge des « huchiers-menuisiers », qui n'étaient pas encore des ébénistes, un artisan entame la première des vingt-deux opérations nécessaires à la dorure « à l'ancienne » d'un des fauteuils de la chambre du roi, il prend son temps.

Dans la rue de Rivoli, les automobilistes s'énervent aux feux rouges. À deux pas de là, dans l'atelier d'un couturier, une « petite main » coud un de ses cheveux dans l'ourlet de la robe de mariée d'une princesse des pays de pétrole... Ainsi, elle se mariera dans l'année, avant 25 ans, et ne « coiffera » pas Sainte-Catherine à l'automne. Ce soir, elle ira danser...

∎

Rive gauche

Il suffit de passer le pont, le Pont-Neuf, surtout. Laissant derrière soi la rive droite, ses grands magasins et ses grands boulevards, le quai de la Mégisserie, ses plantes en pots et ses lapins géants, on arrive sur le quai de Conti et tout change. Le cadre reste pourtant foncièrement le même.

Les passagers du bateau-mouche qui vient de l'Alma, atteint la pointe de la Cité pour tourner derrière l'île Saint-Louis, ne remarqueront rien. Regardant sagement à gauche et à droite selon les injonctions que grésille un haut-parleur, ils ne verront que monuments et façades surgis d'un même passé, se répondant harmonieusement de chaque côté de la Seine. Depuis les perspectives jumelées du Champ-de-Mars et du Trocadéro jusqu'aux gares et entrepôts conjugués des quais de la Rapée, de Bercy ou d'Austerlitz, il n'y a aucune rupture apparente. D'un bord à l'autre, Paris se fait écho, pratiquement siècle à siècle, avec un léger décalage toutefois, juste le temps de tourner la tête de droite à gauche en remontant vers le centre : la rive gauche est toujours un peu en retard sur la rive droite, elle a grandi moins vite. Sur le quai André-Citroën, elle ressemble encore (pour un temps) à Boulogne-Billancourt. L'École militaire jure avec le Trocadéro, mais dispose d'un intermédiaire de choix en la personne — osons l'image — de la tour Eiffel. Le Grand Palais ne montre qu'un coin de verrière face à la splendeur des Invalides, mais le pont Alexandre-III relie avec panache deux îlots de verdure.

le moineau

Les moineaux que l'on voit à Paris sont de vrais oiseaux citadins. Lorsqu'ils ont adopté un secteur, un quartier, ils ne le quittent plus. Peu farouches, ils vivent en bonne amitié avec les gens et deviennent volontiers les compagnons des pigeons, avec lesquels ils partagent les graines et miettes de pain qu'on leur jette.

◁ L'île Saint-Louis, entre rive droite et rive gauche, est un monde à part, un village aux quais tranquilles. Le promeneur a l'impression d'être loin de la ville, dont les bruits parviennent lointains, comme feutrés par la masse d'eau du fleuve.
Phot. L. Girard.

la Seine 21

Le jardin des Tuileries, dessiné par Le Nôtre, pourrait s'étendre tout aussi bien devant l'Institut ou l'hôtel des Monnaies. Derrière des frondaisons identiques, la Seine ne sépare pas vraiment Notre-Dame de Saint-Julien-le-Pauvre, et les maisons du quartier Saint-Séverin ou de la rue Maître-Albert pourraient sans choquer pousser sur le parvis.

Tout cela n'est que façades, apparences ; lorsqu'il s'enfonce à pied dans le cœur de la rive gauche, celui qui, de l'autre côté, n'était qu'un piéton, devient un promeneur, un flâneur, qu'il passe par la rue Guénégaud ou la rue Mazarine, par les rues Séguier, Saint-Jacques ou Lagrange, même pendant la semaine, et quel que soit son but.

Des Invalides au Jardin des Plantes et de la Seine à l'Observatoire — en excluant, naturellement, les grandes lignes droites tracées par Haussmann pour les charges de cavalerie et les sorties de gares style cinématographe Louis Lumière —, le rythme est très sensiblement différent. Cette région du pays parisien est le dernier paradis du vrai flâneur, pour lequel, quelles que soient ses occupations, la ligne droite n'est jamais le meilleur chemin d'un point à un autre —, et la course à pied est un sport que l'on pratique pour le plaisir, et non une façon quotidienne de se déplacer. Personne n'échappe, en fait, à cette atmosphère ; celui qui, d'habitude, marche vite, sans regarder autour de lui, ici ralentit, prend le temps de voir les choses et les gens ; le contact humain est plus facile, et dénué de l'habituelle agressivité citadine.

Ceux qui aiment « galéjer » vous diront que nous sommes au sud de la Seine, ce qui explique l'atmosphère plus gaie et plus nonchalante qu'au nord, comme dans tous les pays ! L'idée que cela puisse venir du climat fait rire aujourd'hui, mais, dans les « conseils d'hygiène » prodigués il y a un peu plus de cent ans aux visiteurs de l'Exposition universelle de 1867 par le Paris-Guide, le docteur Favrot écrit sans l'ombre d'un sourire : « Aux personnes qui viennent de contrées septentrionales et froides nous dirons : choisissez de préférence une habitation sur la rive droite, c'est-à-dire dans la partie nord de la ville, afin que les influences atmosphériques soient à peu près les mêmes que celles de votre pays. (...) Aux visiteurs originaires des régions méridionales nous recommandons, avant tout, de se munir de vêtements chauds pendant tout le temps de leur séjour dans la capitale, les brusques changements de température étant très nuisibles à ceux qui ne sont pas faits à notre climat (...) Cette précaution prise, ils pourront s'installer indifféremment dans une habitation bien aérée sur la rive droite ou la rive gauche de la Seine. »

Avant de sourire de ce texte — au demeurant très sérieux —, il faut se souvenir que, naguère, personne n'aurait songé à « descendre » au sud de Marseille sans un casque colonial !

Il y a, par ici, un « climat » différent parce qu'il s'agit d'un terroir particulier, avec son paysage, son histoire propre, ses métiers, ses rites, ses légendes, son folk-

le marronnier

C'est en mai que s'épanouissent les inflorescences des marronniers, piquetant de blanc ou de rouge les feuillages déjà très verts. Cet arbre d'ornement, originaire d'Asie Mineure, fut introduit en Autriche, à Vienne, en 1576, et à Paris, en 1616. Vivant en moyenne 120 ans, il peut atteindre 300 ans.

▷ *Face à l'église Saint-Julien-le-Pauvre et au célèbre Caveau des oubliettes, les belles maisons très parisiennes de la rue Saint-Julien-le-Pauvre au salon de thé très sélect où le « five o'clock » fait partie des habitudes raffinées du quartier.*
Phot. Pinheira-Top.

lore, tout un art de vivre vénérable né au XIIIe siècle, lorsque ce terroir a été baptisé l'«Université».

Paris «rond comme une citrouille»

«Voulez-vous juger Paris physiquement? Montez sur les tours de Notre-Dame. La ville est ronde comme une citrouille.» Ces lignes de Sébastien Mercier, dans le *Tableau de Paris,* demeurent vraies aujourd'hui. Paris est toujours «rond comme une citrouille». Cependant, si monter sur les tours de Notre-Dame suffisait à la fin du XVIIIe siècle, ce n'est plus le cas désormais. Pour l'embrasser d'un seul coup d'œil, il faut maintenant monter beaucoup plus haut. Pour découvrir Paris en général et la rive gauche en particulier, il faut monter au sommet des 200 mètres de la tour Montparnasse : 40 secondes d'ascension dans une boîte oppressante ; le choc est d'autant plus impressionnant que l'escalade est facile et sans transition.

Par un beau jour clair, lorsqu'une petite brise fraîche venue du Nord vous a balayé un de ces ciels tendres, d'un bleu-mauve qui vire au gris tourterelle vers l'horizon, avec juste quelques petits nuages potelés pour en souligner délicatement les nuances, à l'heure magique de la fin d'après-midi, lorsque le soleil allonge de biais

◁△ *En 1620 déjà, il y avait 29 bouquinistes installés sur le Pont-Neuf. Ce type de commerce se pratique généralement de père en fils et de mère en fille... Mais il est devenu de plus en plus rare de faire des découvertes d'ouvrages rares ou de gravures authentiquement anciennes.*

la Seine 23

▽ *Le metteur en scène Gaston Baty (1885-1952) a eu l'honneur de laisser son nom à un square situé près du métro Edgar-Quinet, dans le XIVe arrondissement.*
Phot. L. Girard.

des rayons dorés qui fardent les façades, sculptent les toits et aiguisent les clochers, ce jour-là, à cette heure-là, disons, au printemps, vers cinq heures, la vision qui s'offre brusquement est propre à couper le souffle du Parisien le plus blasé (qui, évidemment, n'y monte jamais, et c'est bien dommage !).

Un coup d'œil circulaire : c'est trop vaste, il faut chercher des limites sur cette grande carte en relief, retrouver la forme si régulière, si familière de Paris sur les plans de métro. Où est la rondeur de citrouille si rassurante ? La ville est une nébuleuse qui s'étire et se dissout progressivement.

Vers le centre, on accroche, ravi, une traînée verte : la Seine. Elle est à peine visible, mais les arbres sur les quais, l'alignement des façades, les jalons des monuments font une ligne nette, une grande courbe que l'on suit sans difficulté d'est en ouest. Voilà Notre-Dame au centre. À partir de là, tout s'ordonne.

Dans la masse chaotique de toits et de façades, l'œil découvre des repères aussi lisibles que les majuscules

la Seine

colorées des manuscrits anciens : flèche, clocher ou dôme d'une église, flaques vertes d'un jardin, ossature d'un monument, tranchée bien nette d'une rue.

L'esprit, peu à peu, déchiffre un quartier et, de proche en proche, reconstitue le puzzle des arrondissements.

Au bout de la ligne droite de la rue de Rennes, voilà Saint-Germain-des-Prés, sa simplicité, sa douceur, sa belle solidité presque paysanne, si rare à Paris. Son clocher-porche roman du XIe siècle vient du très lointain passé de la rive gauche, si longtemps terre d'Église. Dès le VIe siècle, la très puissante abbaye fut une des premières nécropoles royales de France. Plus près, à droite, la flaque verte du jardin du Luxembourg. La perspective plongeante fait perdre au Sénat son allure officielle, lui rend sa vraie nature : un joli palais construit à l'italienne dans son parc pour Marie de Médicis. La Florentine, épouse d'Henri IV, devait retrouver ici une ambiance plus familière que celle du palais du Louvre, aperçu de l'autre côté du fleuve dans l'axe de la rue de Tournon et de la rue de Seine. En dépit des transformations, la royale demeure conserve dans sa dignité sévère quelque chose de son passé de forteresse. Ces palais parisiens étaient encore des châteaux forts, jusqu'à ce que le vent souffle d'Italie au XVIe siècle. (Le jardin des Tuileries est dû à une autre Florentine, Catherine de Médicis.)

Au bord de la Seine s'arrondit la coupole dorée sur tranches de l'Institut, près de la ligne droite de l'hôtel des Monnaies. Là s'élabore, se retouche sans fin le *Dictionnaire* de l'Académie. Le travail de ces « immortels » rappelle celui d'une autre corporation, celle des peintres de la tour Eiffel, appelés, eux, les « Écureuils », qui poursuivent sans fin leur ouvrage de Pénélope et reprennent par le bas dès qu'ils ont fini en haut !

Autour de ces jalons se reconstitue sans peine le VIe arrondissement. À sa droite s'emboîte le Ve, de l'autre côté de la trace rigide du boulevard Saint-Michel. Au sommet de la montagne Sainte-Geneviève, le dôme du Panthéon éclipse l'église Saint-Étienne-du-Mont, construite sur l'emplacement de la plus ancienne basilique de Paris : Sainte-Geneviève.

Du Quartier latin au faubourg Saint-Germain

Dans le tissu extraordinairement dense de la ville médiévale, dans le fouillis de ruelles toutes hérissées de toits en désordre, se dessinent les repères du quartier le plus studieux de la capitale.

▽ *Avenue Rapp, dans le VIIe arrondissement de Paris, l'étonnante façade de la maison du céramiste Bigot arrête toujours le passant. Elle fut réalisée au début du XXe siècle par Jules Lavirotte dans un style très caractéristique de l'Art nouveau.*
Phot. Fraudreau-Top.

◁ *Il existe dans Paris encore une soixantaine de fontaines Wallace, régulièrement entretenues et repeintes; celles-ci furent exécutées par le statuaire Charles Lebourg, grâce à une donation du philanthrope anglais sir Richard Wallace.*
Phot. Bonnemaison-Pix.

la Seine 25

En premier, la Sorbonne, parallélépipède digne et sévère, comme il convient à sa fonction. Jusqu'à la Seine s'étend le « pays latin », cœur de la rive gauche, lieu de naissance de l'université. L'îlot Saint-Séverin, le quartier Maubert, la vilaine faculté des Sciences, épicentre des tumultes estudiantins. Tout près de là, François Villon croquait déjà du bourgeois au XVe siècle, dans un « testament » vengeur. Plus loin, les arbres du Jardin des Plantes — le jardin royal des plantes médicinales — descendant vers la Seine. Entre deux réseaux de rues très savantes — Buffon, Linné, Cuvier ou Lacépède d'un côté, Gay-Lussac, Claude-Bernard, Pierre-et-Marie-Curie de l'autre —, un ruisseau de ruelles coule vers les Gobelins et le XIIIe arrondissement.

On aperçoit le garde-meubles du Mobilier national sous la manufacture des Gobelins ; à côté, un mince rideau de peupliers témoigne pour la Bièvre engloutie. On l'imagine encore, tout en bas de Paris, lorsqu'elle sortait de la ville par la poterne des Peupliers après avoir longé la Butte-aux-Cailles.

Derrière ce vieux faubourg d'artisans se profile tout un quartier neuf qui occupe l'angle oriental de la rive gauche.

Le parc Montsouris et la cité universitaire permettent de placer le XIVe arrondissement. On passe rapidement sur la zone silencieuse qui relie cet endroit délicieux à la belle perspective de l'Observatoire ; hôpitaux et prisons y dressent des murs sombres : Sainte-Anne, la Santé, Cochin, Port-Royal. De l'autre côté du boulevard de Port-Royal, le Val-de-Grâce est plus gai. D'ailleurs, les militaires sont plus gâtés que les civils, si l'on en juge par les Invalides !

La vision qu'offrent en éventail, vers le sud, les XIVe et XVe arrondissements est beaucoup moins claire. Dans un quadrillage régulier se rangent des immeubles assez sages, un échantillonnage sans grand caractère de tout ce qui s'est construit depuis un siècle environ. Seul le faisceau de rails sorti de la gare Montparnasse permet de séparer en deux cette masse confuse où l'œil se perd. Cette large bande ne paraît pas avoir de passé, c'est un morceau trop jeune, absorbé d'un seul coup en 1860. Les villages du Petit-Montrouge, de Plaisance, de Vaugirard et de Grenelle s'y sont engloutis sans laisser de traces apparentes, grignotés par un siècle d'expansion industrielle. L'œil bute sur la masse des immeubles du Front de Seine — plutôt jolis de nuit, de dos et de loin —, pour se reposer avec soulagement sur le triangle fastueux du VIIe arrondissement. « Là, tout n'est qu'ordre et beauté, / Luxe, calme et volupté », aurait dit Baudelaire. Trop, peut-être, car le regard effleure assez rapidement ces puissants alignements royaux qui enferment dans leur compas de verdure le très cossu, très calme quartier résidentiel caché derrière le quai Branly et le quai d'Orsay. On s'attarde plus volontiers à découvrir, sur la droite, la façade sur jardin des beaux hôtels du faubourg Saint-Germain, toujours invisible depuis la rue. Sous cet angle, ils dévoilent leur secret : ces grandes demeures sont des manoirs construits aux XVIIe et XVIIIe siècles par une aristocratie terrienne nostalgique de ses fiefs ancestraux : on pourrait les transporter tels quels au milieu d'un riche domaine tourangeau. Toute cette verdure harmonieuse-

▽ *Le Dôme, décoré par Carzou, fut, avec la Coupole, le Sélect et la Rotonde, un rendez-vous d'artistes mondialement connus : Cendrars, Chagall, Modigliani, Picasso, Klee, Matisse, Hemingway, Henry Miller... À quelques centaines de mètres de là, la Closerie des Lilas a réuni, dès le XIXe siècle, des poètes du nom de Baudelaire, Verlaine, Charles Cros ; puis, plus tard, Carco, Apollinaire, Paul Fort et de nombreuses autres personnalités plus ou moins illustres. Leurs noms sont gravés sur une plaquette de cuivre fixée à la table où ils avaient coutume de venir s'asseoir.*
Phot. M. Garanger.

26 la Seine

ment désordonnée, presque campagnarde, est insoupçonnable lorsque l'on passe, rue de Varenne ou de Grenelle, devant les cours d'honneur et les façades élégantes de tous ces ministères. Ce quartier champêtre est le centre nerveux d'un État français encore très imparfaitement décentralisé.

Nous voici revenus à Saint-Germain-des-Prés. Il est six heures ; dans la rue de Rennes, le flot des voitures se bloque en ruban de tôle brillante, le bruit aigu des avertisseurs doit percer le grondement ininterrompu de la circulation. Des myriades de silhouettes minuscules convergent vers la base de la tour ; le métro, la gare semblent les attirer comme un aimant la limaille de fer. Les magasins ne fermeront que dans une heure, et le flot humain mousse autour des centres commerciaux. Ramenée vers le pied de la tour par ce va-et-vient inlassable, la vue plonge presque verticalement sur le quartier de Montparnasse. Trois arrondissements se rejoignent ici, le VIe, le XVe et le XIVe. Les blocs d'immeubles encadrés par les rues se révèlent dans les moindres détails de leurs cours et jardins.

Enfermé dans l'alignement régulier des façades apparaît tout un monde dissimulé de toits, de courettes, de petites allées. Cet immeuble moderne qui, de loin, paraîtrait insipide, cache sur ses toits un jardin pour enfants, plein de toboggans rouges et de balançoires bleues ; un peu au-dessous, trois petits jardins en terrasses animent l'anguleuse architecture de l'ensemble. Trois rues découpent un gros triangle bordé sur trois côtés par le Paris bourgeois du XIXe siècle, carré, massif, sage, d'un « immeuble », avec tout ce que cela suggère de bien accroché au sol — solide pierre blonde, coiffée de sérieux toits de zinc nervurés —, il ouvre sur la rue des fenêtres très raisonnables, mais dans l'arrondi du toit se cache une étrange armature métallique où cascadent joyeusement des plantes en pots, le jardin suspendu d'une Sémiramis de mansarde ! Du linge qui sèche plus loin fait à cette noble toiture des étendards bien plébéiens. À l'intérieur du triangle foisonne un fouillis de constructions disparates, où l'on distingue ce qui paraît être une usine et se révèle être une imprimerie.

▽ *Paris, une capitale de la gastronomie, compte des restaurants pour tous les goûts, pour toutes les bourses et... toutes les heures, des cuisines les plus subtiles, les plus élaborées aux « fast food » les plus fonctionnels.*
Phot. Mazin-Top.

◁ *Au cœur de Saint-Germain, le café des Deux-Magots (qui a son prix littéraire) évoque, avec son voisin, le Flore, l'atmosphère qui régnait dans les années 50 lorsque Jean-Paul Sartre écrivait les Chemins de la Liberté et Juliette Gréco chantait dans les « caves » du quartier.*
Phot. M. Garanger.

Devant le cimetière de Montparnasse, la rue de la Gaîté offre son aspect animé de rue populaire sortie tout droit du décor de *Un Américain à Paris,* non loin d'une petite maison blanche et ventrue qui n'a pas dû beaucoup changer depuis le XVIIe siècle, avec son grand toit pointu couvert de tuiles noircies.

Derrière le portail d'une façade sans intérêt s'ouvre une étroite ruelle bordée d'ateliers aux verrières poussiéreuses. L'endroit devient brusquement très familier : il y a là un artisan qui fabrique des abat-jour superbes ! La délicatesse des cônes de soie irisée côtoie des monceaux de ferrailles rouillées et des objets insolites qui attendent d'être montés en lampes. Un précieux vase « bleu de Chine » voisine avec de vieilles galoches « pour quand y pleut ». L'atelier d'à côté offre un spectacle encore plus étrange : un mécanicien dentaire y travaille. Sur son comptoir de porcelaine blanche ricanent quantité de dentiers aux gencives trop roses. Plus loin habite un sculpteur : quand il va boire un petit blanc au « bistrot » du coin, encore tout maculé de plâtre, les maçons qui font la « pause » le prennent pour un des leurs, il rit dans sa barbe poivre et sel, tout content... Un peu au-dessus, un jardinier en grand tablier bleu ratisse méticuleusement la pelouse d'un minuscule jardin à la française — parterre tiré au cordeau et buis bien taillés —, devant un petit hôtel particulier qui abrite les bureaux d'un laboratoire de produits pharmaceutiques.

Peu à peu, tout ce qui ne paraissait que décor prend vie. Ce paysage dur fait de pierre, de verre, de béton, de métal cesse d'être une matière inerte, devient une partie essentielle d'un organisme vivant. Un peu à la manière d'un récif de corail : une vie invisible a sécrété, au fil des siècles, cette masse de calcaire hérissé, nécessaire à sa protection. À partir de ce moment, on voit bouger la ville. Chaque quartier va son petit bonhomme de chemin, travaille, se promène, rit, dort ou dîne.

Des savants et des baladins

« Il ne faut pas que les dodus soient d'un côté et les menus de l'autre ; dans l'intérêt du Roi, notre cher Sire, il les vaut mieux mélangés. »

Ce conseil judicieux fut donné au roi Henri IV par un prévôt des marchands fin politique, François Miron. Ce bourgeois de Paris quelque peu prophète semble avoir prévu dès le début du XVIIe siècle la plaie qui guettait les grandes cités modernes, la ségrégation. Ségrégations de tous ordres qui s'engendrent les unes les autres. Entre les riches et les pauvres — les « dodus et les menus » —, entre races et classes d'âge, entre quartiers de résidence et quartiers de travail, elles vident de leur substance les quartiers centraux, obligent à des déplacements épuisants et transforment les noyaux anciens en ghettos sordides ou en coquilles vides. Ce phénomène enlève toute « urbanité » à une ville, entraî-

◁ *La rue résonne des échos de la fanfare des Beaux-Arts... La première a été créée en 1950 par Léon Malaquais. Au nombre de cinq aujourd'hui, ces fanfares n'ont cessé de connaître le succès ; elles animent de nombreuses manifestations et défilés, à Paris comme en province.*
Phot. J. Verroust.

▷ *Le boulevard Saint-Michel, ouvert sous le second Empire, lors des grandes réalisations d'Haussmann, est devenu le cœur du Quartier latin (qui doit son nom à sa précoce vocation universitaire). De grandes librairies s'y sont, naturellement, installées ; on peut tranquillement y consulter les ouvrages, sans obligation d'achat...*
Phot. M. Levassort.

△ Les camelots parisiens sont souvent convaincants lorsqu'ils vantent l'excellence de leurs produits, et les badauds, même s'ils n'achètent pas, font semblant de « marcher », séduits par leurs discours inimitables.
Phot. De Zorzi-Pix.

la Seine 29

la poupée

Les poupées semblent avoir toujours existé. On en a retrouvé, en terre cuite, dans des tombeaux d'enfants en Grèce. Les petites filles de l'Inde des premiers siècles de notre ère en berçaient... Le succès et l'essor de ce jouet furent rapides au Moyen Âge et à la Renaissance. Mais c'est à partir du milieu du XIXe siècle que la production devint plus abondante. Les poupées étaient alors richement habillées et accompagnées d'un trousseau complet ; les fabriquants rivalisaient dans leurs créations, recherchant des visages toujours plus expressifs et des carnations plus proches de la réalité.

---

nant une triste dégénérescence et des conflits explosifs, comme à Londres ou à New York.

La rive gauche, en dehors de quelques zones relativement restreintes, a échappé à ce fléau. Le riche mélange humain qui fait le charme de Paris et l'agrément de la vie parisienne n'a pas disparu, surtout dans les plus anciens quartiers. Là, l'ancien et le jeune se coudoient, les professions les plus étonnamment disparates se côtoient.

Cependant, certains métiers traditionnels y ont leur fief, tellement anciens qu'ils ont fait la trame d'un quartier et le tissu de sa vie quotidienne, ses rites, ses tics, et jusqu'à son langage. Beaucoup sont liés entre eux.

Cette unité et cette diversité font toute la personnalité de la rive gauche, son atmosphère, si particulière que le pas du passant s'en ressent et ralentit instinctivement pour mieux en profiter.

La plus ancienne et la première de ces occupations, est celle de professeur et d'étudiant ; son fief, le Quartier latin, bien sûr, en dépit de l'éclatement des facultés vers la périphérie. Il y a là une formidable concentration de hauts lieux du savoir : la Sorbonne, toujours, les facultés de droit et l'École de médecine, la faculté des Sciences, le Collège de France, l'École normale supérieure, le centre universitaire Censier, l'École de chimie, les plus anciens lycées de Paris, Louis-le-Grand et Henri-IV ; la liste serait interminable, surtout si on y joint l'Institut de recherches océanographiques, le Muséum d'histoire naturelle, et tant d'autres, encore, collèges célèbres ou grandes écoles, installés un peu plus loin.

Tout cela imprègne l'atmosphère de ce « pays latin » et déborde largement sur les quartiers. Ambiance studieuse, sérieuse, chahuteuse ou frondeuse, elle mélange la vieillesse sereine et la jeunesse turbulente, elle entasse le long du boulevard Saint-Michel librairies séculaires, « fast food » à l'américaine, marchands de jeans, elle emplit le Luxembourg, au printemps, de révisions sérieuses et de tendres câlins...

Fort logiquement, la principale industrie de la région est celle du Livre. Elle est aussi ancienne que l'Université, et c'est une industrie très parisienne. Les chiffres sont parlants : sur les 400 éditeurs les plus importants de France, 323 sont installés à Paris... Les deux tiers sur la rive gauche, et la plupart dans le VIe arrondissement (soit 114 !). La plus forte concentration se trouve dans le quartier de Saint-Sulpice, où maisons d'édition côtoient boutiques d'objets religieux, le premier éditeur ayant été l'Église. Éditeurs et membres du clergé rencontrent aussi dans les parages les « designers », les faiseurs de mode, la mode « rive gauche », celle de la jeunesse et de l'avant-garde. Au moment du Salon du prêt-à-porter, les tenues les plus extravagantes — parfois japonaises — se mêlent aux soutanes et aux costumes croisés ! Entre les boutiques de deux célèbres créateurs italiens se niche l'échoppe d'un artisan qui sculpte, minutieux, de superbes objets d'ivoire.

Il n'est pas étonnant que de nombreuses boutiques soient des librairies, là aussi les chiffres sont éloquents. Un commerce très parisien, lui aussi : la moitié des librairies sont à Paris, la moitié des ventes nationales de nouveautés et ouvrages réputés difficiles sont faites à Paris, dans quatre arrondissements : le Ve, le VIe, le VIIe et le XVIe. Aucun « Germanopratin » (les habitants de la région, dans le dialecte local) n'est surpris de rencontrer, le soir vers 6 heures ou le dimanche matin, un ou deux invités du dernier « Apostrophes » achetant des carottes au marché de Buci.

À « Saint-Germain », beaucoup de librairies sont spécialisées dans les livres anciens ; d'ailleurs, le quadrillage des rues situées entre le boulevard et la Seine est le domaine des antiquaires. Au printemps, le « Carré des antiquaires », compris entre la rue du Bac et la rue Bonaparte, offre la fête de l'« Objet extraordinaire ». Si les objets présentés en vitrine sont toujours d'une grande qualité, pendant la durée de cette exposition, ils sont tout à fait exceptionnels.

Alors que la politique a son fief très fermé dans le VIIe arrondissement, c'est depuis le VIe et la Seine que s'exerce la dictature subtile de l'esprit.

Ce royaume des « têtes pensantes » a bien d'autres facettes. C'est aussi une mosaïque de quartiers atta-

▽▷ *Sur la rive gauche, les antiquaires sont particulièrement nombreux — rue du Bac, rue des Saints-Pères, rue de Grenelle, quai Voltaire, aux alentours de l'Odéon. Les plus prestigieux se sont spécialisés dans une époque ou dans un domaine, proposant des meubles de grande valeur, d'autres, plus modestes, rassemblent des objets très divers, drôles, inattendus.*

Phot. Mazin-Top.

Phot. M. Levassort.

30 la Seine

chants où, dans un cadre ancien bien préservé, règne une animation perpétuelle autour de multiples points d'attraction. Le marché de la rue Mouffetard transforme la ruelle médiévale en un fleuve de victuailles.

Dès les premiers beaux jours, la fête devient quotidienne. La place de Saint-Germain-des-Prés, nouveau Pont-Neuf, sert de scène à des musiciens ambulants, parfois à de véritables orchestres. Des mimes, des cracheurs de feu, des équilibristes, des marionnettistes se succèdent sur les pavés, au milieu d'un cercle de badauds. Le quartier devient le fief des baladins, très souvent les mêmes tous les soirs, et qui reviennent chaque année. La rue Saint-Benoît est, d'un bout à l'autre, un restaurant en plein air, les piétons, chassés des trottoirs, déambulent au milieu de la rue.

Lorsque le grand marronnier de l'angle de la rue de l'Abbaye se couvre de fleurs roses, alors les terrasses des Deux-Magots et du Flore fleurissent d'une étonnante quantité de jolies filles qui tendent visage et bras nus vers le soleil, les yeux clos. Sur la place Furstemberg, sous les paulownias chargés de grappes mauves, à côté de l'unique réverbère, un petit violoniste joue pour lui tout seul devant sa partition posée sur un pupitre. C'est le printemps sur la rive gauche.

▽ *Certains libraires vendent exclusivement des ouvrages anciens, comme celui du 22 de la rue Visconti.*
Phot. Doisneau-Rapho.

l'armoire
Cette armoire d'époque Régence porte l'estampille de l'ébéniste « I. Tournay » : c'est un excellent exemple de la façon dont travaillaient les ébénistes parisiens de cette époque, pontant les panneaux avec des vis carrées en fer forgé.

la Seine 31

DU CÔTÉ DE SAINT-GERMAIN-DES-PRÉS

Lithographe dans la pure tradition

▽ *La pierre calcaire est la base même de l'art lithographique. Avant usage, il convient de lui faire subir un traitement approprié. Tout d'abord, on la ponce très finement avec du sable et de l'eau : c'est le grainage, qui sera suivi d'un séchage, avant que l'artiste puisse dessiner directement sur la pierre, au moyen d'un crayon gras ou d'une encre spéciale, sa composition inversée.*

Vingt-cinq ans et fou de litho. Alors que tant de jeunes baignent dans une douce errance psycho-intellectuelle, que tant d'autres sont placés par la conjoncture économique dans une alternative souvent fâcheuse, Franck Bordas n'envisage pas d'autre avenir que la lithographie.

Un père lithographe lui apprend le métier. Mais les gènes ne sont pas tout. Sans vouloir polémiquer sur l'inné et l'acquis, disons que le goût du beau, du travail bien fait entre aussi pour une bonne part dans une telle vocation. Franck travaille d'abord en famille, puis, à vingt et un ans, sa rencontre avec Mike Woolworth, un lithographe américain, fait fonction de détonateur, impulsion nécessaire pour qui veut entreprendre. Les deux jeunes gens unissent leur savoir-faire et ouvrent un petit atelier.

Il y a un an, les affaires allant leur gentil bonhomme de chemin, Franck s'agrandit et s'installe rive gauche, au cœur d'un vieux quartier de Paris, riche en histoire. Non loin de là s'élevait jadis l'hôtel de Roussillon, fief de Marie de Lorraine, duchesse de Montpensier, princesse qui donna son nom à cette rue chargée de souvenirs.

Dans ce rez-de-chaussée qu'éclaire une vaste verrière, les presses se taillent la part du lion. Presse mécanique, mais aussi la bonne vieille presse à bras, pour les tirages réduits.

Tout en s'activant — le travail les talonne ! —, Franck et Mike parlent de leur métier, à tour de rôle et avec la chaleur de leur âge. Ils évoquent les artistes qui viennent dessiner dans leur atelier, les clients qui leur passent des commandes. Un monde de connaisseurs, au jugement sûr.

Des affiches portant des noms de villes allemandes ou de peintres américains laissent entendre que le jeune talent de l'entreprise Franck Bordas est également connu au-delà des frontières.

— Nous travaillons beaucoup pour la France, proteste Franck. Pour les musées nationaux, les galeries de peinture. Pour les éditeurs d'art, aussi.

En effet. Au mur, des affiches déjà « culottées » par le temps invitent à des expositions des œuvres de Michaux,

△ *Le terme de « lithographie originale » provient du fait que l'artiste signe l'épreuve, ou estampe, obtenue par reproduction sur papier et en garantit ainsi l'authenticité. L'épreuve est également numérotée, le plus grand chiffre indiquant le nombre d'estampes imprimées, et le plus petit, le numéro de la lithographie dans ce tirage unique. Ces références se retrouvent sur le certificat d'authenticité délivré par l'artiste ou l'éditeur.*

▷ *La lithographie est une œuvre collective. L'artiste ayant terminé son travail, Franck Bordas procède à la préparation de la pierre en étendant sur toute la surface une solution acide composée d'acide nitrique et de gomme arabique. Cette solution agit sur la pierre calcaire partout où celle-ci n'est pas protégée par le crayon gras de l'artiste. Après séchage, la pierre est lavée à l'eau, puis à l'essence, et séchée de nouveau.*

Magritte, Mathieu, Dubuffet. Sur des fils achèvent de sécher des lithos de Jean-Paul Chambas, destinées à illustrer un ouvrage d'art.

Tout en parlant, Mike surveille le séchage d'une pierre, qu'il accélère — si l'on peut dire ! — d'un geste régulier du tourniquet, un instrument qui ressemble comme un frère à l'éventail utilisé par les créoles pour animer leur feu.

Des pierres, il y en a partout. Des pierres très calcaires, à grain serré, dont les meilleures, nous dit-on, viennent de Bavière. Elles sont la base même de l'art lithographique, cet art né presque par hasard, en 1798, parce qu'un typographe polonais, Aloys Senefelder, découvrit les propriétés conjuguées de l'encre et du carbonate de calcium. Le hasard, dit-on, est la providence des inventeurs.

Introduite en France au début du XIXe siècle, la lithographie n'a cessé de se développer, de se perfectionner. Expansion calculée, la lenteur et la minutie du procédé ne lui permettant pas de se galvauder dans la production industrielle.

Les plus grands illustrateurs, les meilleurs graveurs lui ont fait atteindre les sommets de l'art graphique. Comme Franck Bordas, rue Princesse, les jeunes talents continuent de servir cette admirable synthèse de l'art et de l'artisanat.

▽ *Après avoir délicatement humidifié la pierre, le lithographe passe dessus un rouleau encreur à plusieurs reprises, lentement et en appuyant fermement pour obtenir des épreuves foncées, rapidement et légèrement pour des épreuves plus claires. Pour les tirages réduits, l'impression se fait à la presse à bras. Le procédé reste le même pour les lithographies en couleurs, mais il réclame une pierre et un rouleau encreur pour chaque couleur.*

▽▽
▽ *L'impression d'une lithographie originale passe toujours par la presse à bras, comme ce modèle à étoile, en bois, équipé d'un chariot mobile sur lequel repose la pierre et de râteaux. Mais, pour un tirage plus important, on a recours à la presse plate. Dans le cas de commandes au format exceptionnellement grand, certains lithographes délaissent la pierre lithographique pour le zinc, plus maniable. Mais, chez Franck Bordas, rien ne saurait détrôner les pierres traditionnelles, si lourdes et encombrantes soient-elles.*

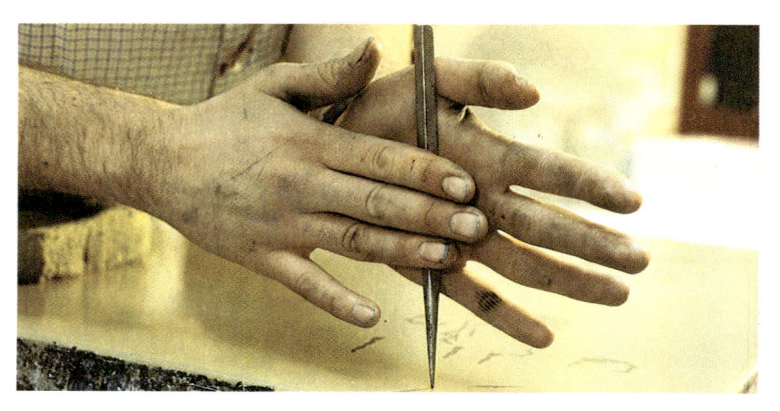

Photos R. Mazin-S.R.D.

Des artistes et des artisans

La rive gauche ne se résume pas à ces seules activités, c'est aussi un terroir riche en artistes et en artisans, entre lesquels il est souvent bien difficile de faire la différence.

Dès le XIVe siècle un faubourg d'artisans était né sur les bords de la Bièvre, le faubourg Saint-Marcel ; c'étaient surtout des tanneurs et des teinturiers. Vers 1450, un certain Jean Gobelin y installa son atelier de teinture « en écarlate ». C'est le nom de la maison de son petit-fils, la Folie-Gobelin, qui donnera plus tard son nom à la manufacture royale des meubles de la Couronne, créée par Colbert en 1662. Il réunit là l'ancien atelier, fondé en 1607 par Henri IV, aux ateliers de tapis de la Savonnerie ainsi qu'à d'autres métiers d'art. En 1940, seront regroupés aux ateliers de « haute lisse » (métier vertical) les ateliers de « basse lisse » (métier horizontal) de la manufacture de Beauvais. Depuis sa création, les plus grands peintres ont réalisé des cartons pour elle. Les artisans y travaillent exclusivement pour l'État. C'est le plus célèbre atelier de la rive gauche, mais il en existe beaucoup d'autres, héritiers eux aussi de très anciennes traditions.

Derrière d'anonymes portes cochères, dans des impasses, des « cités », au fond d'un dédale de ruelles se cachent d'autres spécialistes de « la belle ouvrage », surtout dans les XIIIe, le XIVe et le XVe arrondissements. On trouve d'ailleurs l'École nationale des arts appliqués et des métiers, rue Olivier-de-Serres, et l'École Estienne (arts graphiques), boulevard Auguste-Blanqui. Beaucoup de ces métiers s'apprennent « sur le tas » et, pour ceux qui choisissent ces écoles d'art, il est très rare que ce ne soit pas par tradition familiale.

Un des plus anciens et des plus beaux métiers d'art — celui de maître verrier — est encore très bien représenté à Paris, surtout sur la rive gauche, où l'on trouve dix-sept ateliers (dans les XIVe et XVe arrondissements et également dans le VIe). Qui imaginerait découvrir rue du Cherche-Midi un atelier venu tout droit du Moyen Âge ? Le vitrail est connu depuis le Xe siècle, en France. Au XIIIe siècle les meilleurs ateliers sont à Paris. L'élaboration de ces tableaux de lumière est une opération longue, délicate et fascinante. Le dessin du vitrail est d'abord reproduit en réduction. On en établit ensuite le « carton », qui est le « patron » de l'œuvre en vraie grandeur ; chaque pièce est numérotée et porte les indications de sa couleur. Ces couleurs sont obtenues à partir d'oxydes métalliques mélangés au verre en fusion. Le bleu est obtenu à partir de cobalt ou de cuivre, le vert, de manganèse ou de cuivre. Pendant la longue éclipse que connut l'art du vitrail à partir de la Renaissance, on avait perdu le secret de certains tons. Depuis la fin du XIXe siècle, cet art a connu un essor nouveau, et les techniques médiévales ont été retrouvées petit à petit. Les intensités et les nuances dépendent du temps de cuisson. Recueilli sur une canne, le verre est soufflé à la bouche, puis aplati en couches de 3 à 6 millimètres. Le verre soufflé à la bouche présente des irrégularités qui font chatoyer les couleurs. Un calque est établi pour chaque panneau, des gabarits de carton sont découpés pour chaque pièce ; ils serviront à découper au diamant chaque morceau de verre. Ces morceaux sont ensuite montés, d'après le calque, sur les baguettes de plomb, les

▽ *L'atelier de vitraux de Montparnasse a été fondé en 1860. Douze personnes y travaillent, pratiquant des restaurations pour les Monuments historiques et créant de nouveaux modèles.*
Phot. J. Verroust.

▷ On ne pénètre que silencieusement dans la Cité Fleurie. Le contraste est grand entre les bruits du boulevard Arago, où elle est située, et le havre de verdure paisible et serein qu'elle offre aux visiteurs. Les maisons, encore villageoises, qui s'y abritent, sont, en réalité, des ateliers d'artistes peintres, graveurs, sculpteurs. Les plus grands noms y ont travaillé. Ce lieu privilégié fut menacé de démolition dans les années 1977-1978, les terrains étant convoités par des promoteurs pour y construire des immeubles.
Phot. L. Girard.

▽ Cet artisan grave en taille-douce. Ce procédé consiste à tracer sur une plaque métallique, généralement en cuivre, des dessins en creux. Sur la surface, on verse alors de l'encre, que l'on essuie ensuite afin qu'il n'en subsiste que dans les creux. La plaque encrée est enfin placée entre les cylindres d'un petit laminoir, qui l'appliquent fortement contre une feuille de papier.
Phot. B. Henry.

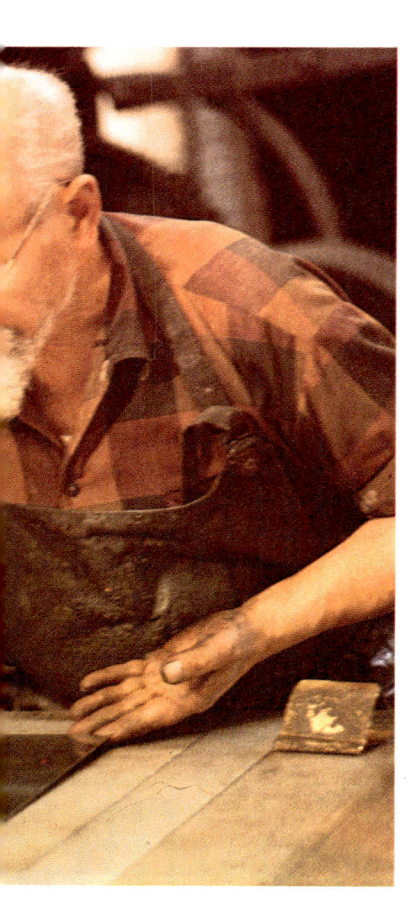

la Seine 35

▽ *On ne voit plus guère de «bougnats». Ils ont disparu les uns après les autres, la demande de charbon étant de moins en moins forte. Dans la première moitié du siècle, à côté de ce commerce, ils tenaient un café, à l'enseigne «Café, bois, charbon». Ces cafetiers-charbonniers étaient venus d'Auvergne, pour chercher fortune à Paris. Certains l'ont trouvée... Et la tradition ne s'est pas tout à fait perdue, car, aujourd'hui encore, de nombreux cafés parisiens sont tenus par des Auvergnats.*
Phot. L. Girard.

«verges», qui sont soudées ensuite entre elles. Le panneau est ensuite encadré dans des barres, les «barbotières».

Pour les ombres ou les traits, qui donnent le relief de certains dessins, il faut ensuite appliquer la «grisaille». C'est la technique la plus délicate. C'est une sorte de peinture appliquée sur le verre. Les pièces démontées sont posées sur des plaques de verre, pour empêcher qu'elles ne collent, et mises au four; la peinture s'amalgame alors au verre. Lorsque le verre est refroidi, les plaques sont montées définitivement. Le maître verrier supervisera ensuite la pose du vitrail. Il se charge aussi de la restauration des vitraux anciens. La France a le plus riche patrimoine d'Europe dans ce domaine : elle possède, à elle seule, plus de vitraux anciens que tous les autres pays réunis !

La plupart de ces artisans d'art, tapissiers, verriers, imprimeurs taille-douciers (la taille-douce est faite sur métal, la xylographie [ou gravure sur bois] est la «taille-forte»), travaillent en collaboration étroite avec des artistes dont ils sont, en quelque sorte, les «interprètes». Aussi les rencontre-t-on souvent dans les mêmes quartiers. Ils recherchent, d'ailleurs, les mêmes genres de locaux, grands, lumineux... et bon marché.

Qui dit artiste, sur la rive gauche, pense tout de suite à Montparnasse. Si les « Montparnos » de l'entre-deux-guerres ont disparu, peintres et sculpteurs sont encore nombreux, et le quartier reste toujours le symbole d'un certain Paris, celui de la « bohème », surtout à l'étranger, et, particulièrement aux États-Unis. Des écrivains comme Henry Miller et Hemingway, qui furent des « Montparnos », ont diffusé là-bas une image de Paris encore très vivace comme celle de ce fameux Parisien en béret basque, une baguette de pain sous le bras !

Des boulangers et des « bistrots »

On sait le rôle que joue le pain dans la mythologie française, et, particulièrement, parisienne. Disons-le tout de suite, la fameuse « baguette » et la délicieuse « ficelle » ne sont pas d'origine parisienne, mais viennoise ! En revanche, le pain « marchand de vin », le pain « boulot », et, naturellement, le « bâtard » sont des produits de terroir. Le boulanger est souvent le pivot d'un quartier. Le temple incontesté du pain se trouve rue du Cherche-Midi, dans le fournil de la maison Poilâne, on célèbre chaque jour le culte de l'authentique ; aussi ne trouve-t-on pas de baguette ou de ficelle dans la petite boutique sombre et odorante, pleine de grosses miches poudreuses. Mais le « pain de fantaisie » est un produit bien parisien, baguettes et ficelles dorées et croustillantes ne sont jamais aussi bonnes qu'ici ! Ni, d'ailleurs, les croissants.

L'autre volet de cette mythologie est le vin. Le clochard parisien n'est pas amateur de pastis, mais se promène avec son « litron » de gros rouge dans la poche. Tout à fait normal : nous sommes dans un pays de vignobles, ne l'oublions pas. L'arrivée du « beaujolais nouveau » est toujours un événement qui alimente les conversations, se commente dans les gazettes, et se placarde sur les vitrines des « bistrots ». Bistrot signifie aussi bien restaurant que café. Il est, en général, précédé de l'adjectif « petit », qui n'a pas de rapport avec la taille du lieu, mais avec le prix ! Employé comme un synonyme de « café », il est parfois suivi de l'expression « du coin ».

Le bistrot parisien est très différent de son équivalent méridional. C'est un endroit habituellement fermé en hiver où l'on se tient volontiers debout, d'où l'importance du comptoir, du « zinc » (dans le meilleur des cas, en étain), qui prend parfois presque toute la place.

Le mot « bistrot » est très récent. Il apparaît à la fin du XIXe siècle. Son étymologie est obscure ; la tradition veut que ce soit un mot russe ; son adoption dans le langage populaire serait une séquelle de la défaite de 1870... La nomenclature de ces hauts lieux de la vie parisienne est extrêmement complexe et sa variété témoigne de leur importance !

Au Moyen Âge, le vin était vendu dans des tavernes et des cabarets, deux endroits qu'il ne faut pas confondre : dans une taverne, le vin était vendu « au pot », dans un cabaret, il était vendu « à l'assiette », c'est-à-dire accompagné de nourriture, sur une table recouverte d'une nappe. Les cabarets sont, en fait, avec les « rôtisseurs » et les « traiteurs », les ancêtres de nos restaurants.

Quant aux « estaminets », ce sont des endroits où l'on fume : ils se sont d'abord appelés « tabacs » ou « tabagies » ; on y boit aussi, mais plutôt de la bière, car le mot et l'institution sont d'origine flamande ! Ils n'apparaissent qu'au début du XVIIIe siècle.

Dans les premiers « cafés » apparus à la fin du XVIIe siècle, on ne buvait pas de vin. Le premier café digne de ce nom fut créé sur la rive gauche, en 1702, par un certain Francesco Procopio dei Coltelli, rue de l'Ancienne-Comédie. Le café Procope existe toujours. À l'origine on y servait du café, bien sûr, mais aussi des glaces. Les cafés devinrent très vite des rendez-vous intellectuels. Savary écrivait en 1723 dans son *Dictionnaire du commerce* : « Les caffés de Paris sont pour la plupart des réduits magnifiquement parez de tables de marbre, de miroirs et de lustres de cristal, où quantité d'honnêtes gens de la ville s'assemblent autant pour le plaisir de la conversation et pour apprendre des nouvelles que pour y boire cette boisson qui n'y est jamais

Phot. L. Girard

◁△ *Mouffetard, ou « la Mouffe », est un joyeux village, avec ses commerçants à la gouaille toute parisienne. Très tôt, ils installent leurs étals sur toute la longueur de la rue, débordant même sur la rue Daubenton ; ici, tout le monde se connaît et a ses habitudes, son « marchand de primeurs » ou son boucher préféré... Malgré l'engouement que connaît ce lieu, il a conservé son pittoresque, son ancienneté le préservant de transformations définitives. Autrefois voie romaine vers Lyon, la rue Mouffetard appartenait, au XIIe siècle, à un petit bourg peu peuplé, appelé Richebourg du village Saint-Médard, du nom de l'église construite au bas de la rue.*

si bien préparée que lorsqu'on la fait préparer chez soi... » La tradition est respectée, les cafés parisiens sont toujours l'endroit de Paris où les Parisiens pratiquent leur sport favori : l'art de la conversation.

« Il n'est bon bec que de Paris »

La conversation « à la parisienne » n'est pas seulement échange de propos anodins, de bruits polis où excellent les Britanniques, ni un simple échange d'informations, c'est un exercice de style. Cet art très particulier est à la conversation ordinaire ce qu'une reprise de cavalerie à Saumur est à une promenade à cheval en Camargue. Les Parisiens et, surtout, les Parisiennes ont depuis toujours la réputation d'avoir « la langue bien pendue ».

Prince, aux dames Parisiennes
De beau parler donne le pris.
Quoy qu'on die d'Italiennes
Il n'est bon bec que de Paris...

△▷ *Jardin aux attraits changeants et divers, le Luxembourg est l'image d'un quartier de Paris où, depuis trois siècles, se mêlent « haute société », bourgeois tranquilles, artistes, étudiants et écoliers. C'est en 1611 qu'a commencé son histoire. Cet endroit campagnard, hors des murs de la ville, était devenu un quartier mondain. La reine Catherine de Médicis aimait ce faubourg ; elle y acheta des terrains sur lesquels elle fit édifier, dans le goût florentin, un palais qui abrite aujourd'hui le Sénat.*

Phot. Mazin-Top.

Phot. Domke-Top.

38 la Seine

◁ Si l'on se promène par beau temps, dans le Jardin des Plantes, du côté nord, vers la rue Geoffroy-Saint-Hilaire, on découvre l'étonnant spectacle des joueurs de cartes, si passionnés qu'ils ne prêtent nulle attention aux enfants, souvent pourtant un peu bruyants, qui passent là.
Phot. M. Breton.

△ Les très nombreuses statues du jardin du Luxembourg (une centaine) ont souvent une destination inattendue...
Phot. G. de Laubier.

la Seine 39

> **Quelques rues aux curieux noms**
>
> *Rue de la Bûcherie :* marque l'endroit où se trouvait le « port aux bûches » ; c'est là que l'on débarquait les bois de construction et de chauffage nécessaires aux Parisiens.
> *Rue Cassette :* déformation de « Cassel », du nom d'un hôtel où la rue conduisait.
> *Rue du Champ-de-l'Alouette :* tient son nom d'Eustache Lalouette, propriétaire d'un champ en 1547.
> *Rue des Chantiers :* doit son nom à d'anciens chantiers de bois qui se trouvaient à son extrémité est.
> *Rue de l'Échaudé :* « échaudé » était un nom donné aux îlots de maisons en forme d'échaudé, c'est-à-dire de pâtisserie triangulaire.
> *Rue Gît-le-Cœur :* cette rue, qui date du XIIIe siècle, s'appelait au XIVe siècle, *Gilles-le-Queux* ou *Gui-le-Queux*, ce qui signifiait « Gilles-le-Cuisinier » ; elle devint Gît-le-Cœur par déformation.
> *Rue de la Glacière :* conduisait au village du Petit Gentilly, ou de la Glacière, région où la Bièvre formait de nombreux étangs et mares qui gelaient l'hiver et qui fournissaient de grandes quantités de glace, conservées pour l'été dans des puits de maçonnerie recouverts de terre.
> *Rue de la Harpe :* ce nom provient soit d'une appellation relative à une défense pont-levis de la porte Saint-Michel ; soit d'une enseigne représentant le roi David jouant de la harpe.
> *Rue Serpente :* la « serpente » était une sirène qui figurait à l'enseigne d'une boutique de la rue.
> (D'après le *Dictionnaire historique des rues de Paris* et *Évocations du vieux Paris*, par Jacques Hillairet, Éd. de Minuit.)

écrivait François Villon au XVe siècle. Cette réputation s'étend à toutes les Parisiennes, des « dames de la Halle » aux « précieuses ridicules ». Que l'on se pique de beau langage ou que l'on utilise la langue des « poissardes », l'important est de « faire mouche ». Cet exercice est surtout un duel, où les fleurets ne sont pas toujours mouchetés et où les « bons mots » sont, le plus souvent, cruels. Peut-être est-ce pour cela que les Parisiennes sont souvent qualifiées de « piquantes » ? Les fanatiques de Paris soutiennent qu'il y a dans « l'air de Paris » un composant spécial qui fait pétiller l'esprit. Sans aller jusque-là, il est évident que ce grand frottement d'intelligences y produit des étincelles. Il est certain qu'il y a dans la capitale une ambiance très stimulante (que beaucoup de visiteurs trouvent plutôt épuisante), et il semble bien qu'il en ait été ainsi de tout temps !

« Nous sommes à Paris depuis un mois et nous avons toujours été dans un mouvement continuel... Tu juges bien qu'une ville bâtie en l'air, qui a six ou sept maisons les unes sur les autres, est extrêmement peuplée, et que, quand tout le monde est descendu dans la rue, il s'y fait un bel embarras ! Tu ne me croiras peut-être pas : depuis que je suis ici, je n'y ai encore vu marcher personne. Il n'y a point de gens qui tirent mieux partie de leur machine que les Français : ils courent, ils volent. Les voitures lentes d'Asie, le pas réglé de nos chameaux les feraient tomber en syncope. Pour moi qui vais souvent à pied sans changer d'allure, j'enrage quelquefois comme un chrétien... » Montesquieu, *Lettres persanes*.

On le voit, les Parisiens ont toujours vécu vite. Cela fait des siècles que l'on s'en moque, que l'on s'en agace, et que les habitants s'en plaignent. Mais, dans le fond, ils « adorent »... et ne sauraient vivre autrement. Aussi ne sont-ils pas des voyageurs, mais des migrateurs. Migrations saisonnières, migrations journalières, qui vident et remplissent Paris selon un rythme très établi. Ici les gens veulent être indépendants ; c'est pour cela, entre autres, qu'ils ont choisi d'habiter là. Et pourtant, ils recherchent la vie communautaire et n'aiment rien tant que de faire tous la même chose en même temps. Ce sont de vrais citadins, qui aiment l'anonymat chaleureux du bistrot et l'agitation stimulante de la foule. Paris est pour eux une sorte de désert très habité ! Ils aiment à le quitter, mais s'y replongent toujours avec volupté.

L'amour que la plupart des Parisiens portent à leur ville n'est pas l'affection tranquille, sereine, presque filiale que les provinciaux ont pour la leur, dans laquelle ils ont généralement des racines profondes et, le plus souvent, familiales. Les Parisiens posent sur Paris des yeux amoureux, jaloux, ils ont pour leur cité une attention excessive ou une indifférence cruelle. En quelque sorte, des rapports d'amour ou de haine. Aussi palpable que la chaleur dont elle s'enveloppe, aussi visible que sa lueur rouge dans la nuit, une atmosphère passionnée émane de la ville à laquelle Aragon a dédié l'un de ses poèmes :

« Arrachez-moi le cœur vous y verrez Paris.
C'est de ce Paris-là que j'ai fait mes poèmes.
Mes mots ont la couleur étrange de ses toits
La gorge des pigeons y roucoule et chatoie.
J'ai plus écrit de toi Paris que de moi-même
Et plus que de vieillir souffert d'être sans toi. » ∎

▷ *« Poulbots », « titis », quel que soit le surnom qu'on leur donne, les « gamins » de Paris sont drôles, délurés, débrouillards, et toujours souriants...*
Phot. Plossu-Marco Polo.

la Seine-et-Marne

Grenier de l'Île-de-France aux fermes retranchées loin des rivières indociles...
Tapisserie médiévale conservée, embellie, complétée par les autres siècles.

COMMENT S'ÉTONNER que le plus vaste des départements d'Île-de-France comporte bien des régions différentes, donc bien des paysages ? Car la Brie, qui représente environ la moitié de sa surface, est loin d'être uniforme ; à l'intérieur de cet espace naturel délimité par les vallées de la Marne au nord et de la Seine au sud, dans ce plateau mollement vallonné incliné d'est en ouest, les géographes déterminent plusieurs Brie. Le plateau calcaire à couche d'argile sous-jacente qui lui donne son humidité se fait limoneux en Brie centrale, avec ses grandes étendues céréalières ; au contraire, il devient sableux vers la forêt de Fontainebleau. Quant à la partie de la vallée de la Seine située après Montereau, la Bassée, les champs y laissent souvent la place à l'herbe et aux cultures fourragères. En revanche, il est difficile de distinguer la Brie française à l'ouest, de Brie-Comte-Robert à Melun, de la Brie champenoise située à l'est, de Meaux à Provins, tant les grandes exploitations s'y ressemblent. D'Ozoir-la-Ferrière à Rozay-en-Brie, la Brie forestière maintient une tradition d'élevage, encore que les céréales et la betterave s'y glissent un peu partout et que la forêt d'Armainvilliers comme le bois Notre-Dame lui conservent son identité régionale.

△ *Murs épais, tourelles, fossés... certaines grosses fermes de la Brie ont été fortifiées ou sont d'anciens châteaux forts. Au Moyen Âge, en effet, cette région fut le théâtre de nombreuses batailles ; elle eut aussi à redouter les bandes d'« écorcheurs » et de pillards de la guerre de Cent Ans.*
Phot. Blanchard-Marco Polo.

la Seine-et-Marne

Quant aux rivières et aux fleuves, ils se liguent pour transformer les grandes étendues de champs ouverts en vallées verdoyantes, plantées de peupliers. Ainsi, de céréalière, la Brie se fait laitière, vers Coulommiers et dans une bonne partie des prés humides du Grand Morin au Petit Morin. L'Yerres transmet également son caractère, avec ses terrains argileux souvent inondés. De son côté, la grande Marne tient en échec l'austère plateau calcaire en traçant plusieurs méandres jusqu'à Meaux.

Mais la Brie n'est pas toute la Seine-et-Marne ; au nord du département, les vieux pays de Goële et de Multien constituent une partie de cette France qui est une région avant d'être un État. L'habitat de fermes dispersées caractéristique de la Brie y fait place à de gros villages aux grandes exploitations intégrées, souvent rassemblées autour de la place. Les lourdes plaines façonnées en longues croupes ne manquent pas de beauté quand on parvient à des bourgs perchés sur la hauteur comme Dammartin, ou Montgé, entouré de bois. Ce « champ de blé et de bataille » décrit par un des spécialistes de la région peut se révéler accidenté. Quant à la vallée de l'Ourcq, avec ses peupliers, elle évoque plus la villégiature que les sanglants épisodes de la guerre de 1914 rappelés par des monuments.

La Seine-et-Marne, n'est-ce pas, pour bien des Parisiens privés d'air, le poumon de la capitale, avec ses 23 000 ha de forêts dont 17 000 sont domaniaux ? Encore que la forêt forme un ensemble à part, appartenant presque entièrement au Gâtinais ; ses dunes de sable, parfois transformé en grès — reste d'un ancien relief recouvert de calcaire à une époque plus récente — et souvent disloqué en rochers, en gorges, paysages évocateurs de villes cyclopéennes, correspondent bien peu au type classique du bocage gâtinais. Elle est un univers où chacun découvre de multiples contrastes : belles futaies aux allées droites des environs de Fontainebleau, tranquilles villégiatures des bords de Seine, ou, au contraire, rochers à affronter, comme ceux des Demoiselles, gorges, comme la Gorge-aux-Loups, étranges étendues désertiques des Trois-Pignons...

Quant au Gâtinais proprement dit, il se déroule aussi devant nos yeux comme un tapis aux riches motifs divers qu'un certain morcellement des champs oppose aux grandes étendues ouvertes briardes. Dans ces contrées traditionnellement pauvres, dans ces « gastines » souvent coupées de marécages, les propriétés ont commencé par être petites ; mais depuis le début du siècle la transformation des méthodes de culture, parfois l'assèchement des marais, sans oublier le remembrement ont modifié la répartition des terres : des haies ont été abattues, des champs en lanières, souvent très découpés, ont été agrandis et remodelés. Cependant, cette évolution du paysage n'a pas été possible dans les terrains rebelles à tout amendement. Ainsi, dans le pays de Bière, la petite ferme laborieusement centrée sur

◁ *Le nom officiel de Montereau est Montereau-fault-Yonne, c'est-à-dire « Montereau tombe dans l'Yonne ». Sa situation au confluent de cette rivière et de la Seine a permis à la ville de devenir un important port fluvial ; sa proximité de Paris a favorisé l'établissement d'entreprises indispensables à l'économie de la région.*
Phot. Pilloud-Explorer.

△ *Des péniches circulent sur le canal du Loing, qui suit la rivière de Saint-Mammès à Buges, où il se divise en deux branches : le canal de Briare et le canal d'Orléans.*
Phot. Ricard-Top.

◁ *Les cours d'eau sont l'une des richesses de ce département : la Seine, la Marne, l'Yonne, le Loing, l'Ourcq, le Petit et le Grand Morin, l'Orvanne, le Lunain, l'Aubetin. De tout temps, ces rivières — en tout 1 900 km — ont servi de moyens de communication et de transport.*
Phot. Pilloud-Explorer.

la Seine-et-Marne 3

l'élevage de quelques vaches laitières s'est maintenue chaque fois que le bocage a résisté, alors qu'en d'autres endroits du même pays, des exploitations de pommes de terre et de betteraves évoquent, par leur étendue, les plus vastes horizons du Bassin parisien.

Vers Château-Landon, même contraste entre cette vieille ville entourée de remparts, de petits potagers arrosés par le Fusain, et de prés... et les champs de betteraves ou de céréales situés en contrebas. On passe ainsi sans transition du Moyen Âge à l'ère industrielle, du bocage à la Beauce. Car ce grand plateau n'est pas loin ; dans tout le Gâtinais occidental, on a souvent l'illusion de se promener en Beauce. Dans le Gâtinais oriental, au contraire, le sol humide et argileux est peu favorable aux céréales, le peuplier apparaît et l'élevage conserve un caractère très artisanal. Quant à la vallée du Loing, qui sépare ces deux types de paysage, elle est encore chère aux poètes, aux peintres... et aux pêcheurs. On pardonne au fleuve d'être dangereux, mais on préfère bâtir loin de lui, si possible avoir entre lui et sa maison le canal, élément sage et modérateur !

Des forteresses de l'agriculture

Dans ce grenier de l'Île-de-France qu'a toujours été la Seine-et-Marne, les grandes exploitations se situent rarement près d'une rivière indocile. En Brie, elles se sont retranchées sur leurs terres et souvent loin des villages. Les lourdes terres briardes permettent depuis des siècles une certaine autarcie sur parfois 300 ou 400 ha. Là, la cour médiévale carrée ou rectangulaire n'a fait que fortifier son enceinte, des bâtiments complétant l'infrastructure ancienne pour abriter de puissantes machines. La maison de maître est toujours occupée par le propriétaire ou le fermier, mais elle s'est modernisée de tous les éléments du confort, et l'on n'y trouve plus guère les austères bahuts ni les armoires briardes d'autrefois, maintenant dispersés chez les antiquaires. Par la porte monumentale prévue pour les larges charrettes d'antan, automobiles, moissonneuses-batteuses et tracteurs se frayent un chemin aisé. Peut-être personne à la ferme ne songe-t-il à en admirer l'architecture ; le contremaître n'habite plus dans le pavillon

▷▷ *L'étonnante charpente de la tour César, à Provins, date du XVIe siècle, alors que la partie inférieure de l'édifice existait déjà avant 1137. Elle est connue traditionnellement sous le nom de « Grosse Tour » ou « tour du Roi », son appellation actuelle datant de l'époque romantique.*
Phot. J. Verroust.

▷ *La Seine-et-Marne, campagne à deux pas de Paris, est grosse productrice de céréales, l'élevage n'y occupant qu'une place secondaire. Celui des moutons, par exemple, s'amenuise depuis 50 ans et est tombé de 315 000 bêtes en 1929 à 25 000 environ aujourd'hui. Cette chute spectaculaire est due à la disparition des terres en jachère et au manque de bergers.*
Phot. Plessy-Explorer.

la Seine-et-Marne

△
Montigny-sur-Loing, gros bourg dominé par son clocher carré, demeure le paradis des pêcheurs.
Phot. Plessy-Explorer.

▷ *À Grez-sur-Loing, dans un site verdoyant, un vieux pont, endommagé en 1944, et aujourd'hui restauré, enjambe la rivière, dont la vallée a séduit de nombreux peintres du XIXe et du XXe siècle... Des Américains, entre autres, et, pour certains, successeurs, si l'on peut dire, de l'école impressionniste.*
Phot. J. Verroust.

6 la Seine-et-Marne

surmontant certaines de ces portes, dont la charpente apparente ne manque pas de beauté ; quant au toit de tuile de certaines portes, il nécessiterait parfois les soins d'un couvreur, et l'on peut regretter que, dans certains cas, la petite entrée qui complétait celle réservée aux charrettes ait été murée. Tours et douves ont mieux résisté à l'évolution de la vie rurale, quand elles existaient ; ainsi, à Nantouillet, le château est devenu une ferme que l'on visite, sur demande au propriétaire ; on peut louer ses vastes salles pour des réceptions, s'imaginant pour un soir être reçu par le chancelier Duprat au temps de la Renaissance !

L'essentiel dans ces mutations n'est-il pas que les pierres vivent ? Peu importe si le fermier devient châtelain, le châtelain fermier, ou si, enfin, la ferme se transforme en centre culturel, comme à Ozoir-la-Ferrière, ou en restaurant. Dans ce domaine, les initiatives privées ne manquent pas de courage et les particuliers contribuent au maintien du patrimoine. À Crouy-sur-Ourcq, par exemple, un donjon du XIVe siècle est l'objet des soins du propriétaire, lui-même cultivateur ; à Château-Landon, les ruines de l'abbaye de Saint-André sont entretenues par l'actuel occupant, dont les machines agricoles voisinent avec les plus pures ogives.

Blé et maïs ont remplacé les grands troupeaux de moutons ; ceux qui conduisent les tracteurs ne ressem-

▽ *Vivre au bord du Loing présente bien des attraits. Les riverains possèdent souvent barques et périssoires. Cette scène tranquille se déroule à Nemours, ancienne capitale du Gâtinais.*
Phot. Marthelot-Scope.

le myosotis

Sur les rives des ruisseaux et des étangs, on peut voir les fleurs bleues des myosotis sauvages qui s'épanouissent de juin à août. Leur nom signifie « oreilles de sorcières », allusion à leurs feuilles duvetées, d'un ovale légèrement pointu.

la Seine-et-Marne,

blent guère aux paysans d'autrefois, mais ils habitent les vieilles fermes de la ville haute. Car les Parisiens ne sont pas nombreux, dans ces demeures pourtant si propres à leur plaire ; les toits de belle tuile plate n'appartiennent que rarement à une résidence secondaire. Les célèbres foires n'ont plus lieu à Provins, la cité s'est endormie comme certaine princesse — surtout après le rattachement de la Champagne à la couronne de France, au XIIIe siècle ; cependant, elle reste une grande dame rurale, une Cérès, déesse des moissons.

Une tapisserie médiévale

Cette tapisserie déployée devant nos yeux ne comporte pas que des édifices agricoles ; certains centres y prennent des airs des plus urbains, tout en restant fidèles au passé : Nemours, Moret-sur-Loing, mais aussi Fontainebleau, autres merveilles à immortaliser au petit point, en rendant, si possible, les reflets de l'eau du fleuve, ou le chatoiement de la forêt dans la lumière

△ *La vocation première de Meaux fut le commerce. Située au contact de terres à blé et d'herbages, cette ville a toujours connu des marchés très animés, riches en produits du terroir : grains, fromages et fleurs, en particulier.*
Phot. Marthelot-Scope.

▷ *En Gâtinais, même la plus modeste des villes possède un monument remarquable pour son ancienneté ou son originalité. À Égreville, au sud-est de Nemours, cette halle serait due à la duchesse d'Étampes, qui l'aurait fait construire entre 1540 et 1559.*
Phot. Marmounier-C.E.D.R.I.

8 la Seine-et-Marne

d'Île-de-France. D'autres cités n'ont pu préserver qu'un quartier ancien, comme à Meaux, où l'on a fêté avec la pompe chère au Grand Siècle le tricentenaire de Bossuet ; à Montereau, à Coulommiers, le monde industriel si proche donne aux témoins du passé toute leur force.

Tapisserie médiévale pieusement conservée par les autres siècles, embellie, complétée. La tuile, la pierre, parfois la brique, dans les châteaux du XVIe et du XVIIe siècle jouent une douce harmonie. Et quand la pierre est la meulière de la région, un crépi la réchauffe, prenant parfois des tons roses dus à la brique pilée, comme à Saint-Ayoul, dans la ville basse de Provins. Les maisons à colombage — qui ne sont pas le monopole de la Normandie — introduisent une note gaie dans certaines vieilles cités, à Rozay-en-Brie, à Nemours, à Moret, à Bray-sur-Seine, sans oublier Provins, en ville basse. Utilisé pour des maisons à plusieurs étages aux belles avancées de bois, ce style évoque l'opulence d'une région de grande culture ou d'intense activité commerciale, située sur le chemin des plus grandes foires d'Europe. Les carrières de pierre, de sable, les fabriques de tuile rendaient aisée la construction ; et les décors de bois correspondent à une fantaisie de riche, non à une pénurie de matériaux. Dans la région de la Bassée, les maisons à damiers de craie expriment le même esprit inventif, en liaison avec les ressources du sous-sol.

Les cours, dans les centres anciens, ne manquent pas d'ampleur ; on y accède par des portes cochères et des ruelles ; souvent elles se suivent, reliant ainsi la boutique du boulanger à celle du boucher ou à une maison bourgeoise. Parfois on y voit quelques poules en train de picorer, pittoresque campagnard en pleine ville évocateur encore du Moyen Âge. On y entend le coq chanter. Même à Combs-la-Ville, dans le territoire de Melun-Sénart, on élève encore de la volaille dans une ou deux maisons, dont les occupants, âgés, résistent aux offres d'achat des Parisiens. La terre ne perd jamais ses droits en Seine-et-Marne, imprimant ses contrastes jusque dans les réalisations les plus modernes, mettant en échec les programmes de construction qui se révèlent, à l'usage, trop « technocratiques ».

Ainsi, à Marne-la-Vallée, le vieux village de Noisiel, avec ses petites maisons ouvrières de brique — construites au début du siècle par les Chocolats Menier —, est fort apprécié. Les Français, en effet, semblent manifester, là encore, leur attachement aux structures traditionnelles du village, préférant à tout ensemble collectif — même très confortable — une habitation individuelle, si possible non loin d'une place animée ou le long d'une rue. Sur cette place, chacun s'attend à trouver quelques commerçants, au moins un café et... une église. Le manque d'enthousiasme suscité par certains quartiers trop vite surgis de terre et dépourvus

△ À Moret-sur-Loing, chaque génération a laissé son empreinte. Sur la place du bourg, une maison, dont on voit ici un détail représentant un menuisier au travail, a été construite en 1900 par un compagnon du tour de France.
Phot. Knight-Vloo.

◁ Aujourd'hui, une rue passe sous le porche de l'abbaye de Jouarre alors que, jusqu'à la Révolution, une porte de bois le fermait. Ces bâtiments furent édifiés vers 1750. Mais les origines de l'abbaye, bien plus anciennes, remontent au VIIe siècle ; celle-ci abrite, aujourd'hui encore, une communauté de bénédictines.
Phot. Hinous-Top.

la Seine-et-Marne

▽ *Scène de la vie quotidienne à Provins. Aux XIIᵉ et XIIIᵉ siècles, cette ville, aujourd'hui sous-préfecture, était une opulente cité commerçante, qui attirait des marchands venus de l'Europe entière pour les foires de Champagne.*
Phot. Marthelot-Scope.

de cette infrastructure « classique » s'explique par ce goût de retrouver un mode de vie familier une fois fini le travail, en particulier un quartier à la fois résidentiel et commercial, où chacun peut faire ses courses à pied. Sur le chemin menant au logis, dans les boutiques, les contacts se nouent ; aucune animation organisée ne les remplacera jamais ! Et, en Seine-et-Marne, quand, un week-end, une localité semble baigner dans une certaine torpeur, les rares passants rencontrés dans les rues, pour justifier leur ennui, répondent qu'ils ne trouvent sur place « ni café, ni cinéma, ni église ». Même réponse des voyageurs attendant tristement le train pour la capitale.

En fait, la plupart des bourgs conservent un café où jeunes et vieux prennent l'apéritif en s'adonnant à quelque jeu, tel que tiercé, Loto, flipper... Malgré l'installation fréquente de grandes surfaces, les tabacs-cafés, qui font parfois un peu d'épicerie, continuent de faire recette. Leur disparition entraînerait la mort d'un certain terroir et l'isolement de la partie non « motorisée » de la population. La fermeture des églises aurait probablement le même résultat.

Or les églises du département — souvent closes en semaine — s'animent pour les offices du samedi et du dimanche, révélant alors toute leur beauté.

Ces monuments — dont bien peu sont postérieurs au XVIᵉ siècle — perpétuent une époque où la vie religieuse était intense ; même de nos jours, ils restent le centre de la ville, du village, et chacun est fier de posséder une cathédrale ou une église classée à deux pas de chez lui. Ils continuent à servir de lieu de rencontre d'une communauté parfois difficilement intégrée. Il est fréquent, en effet, d'y apercevoir la population des résidences secondaires, comme les puissants fermiers habituellement retranchés au milieu de leurs terres. Ceux qui dédaignent les petits commerçants pour les grandes surfaces, situées souvent au bord des grandes routes, ceux qui, même, font leurs courses à Paris, tiennent à se marier au village, à y baptiser leurs enfants, à y enterrer les leurs. Quant à la foi des catholiques, elle est, comme partout, affaire de conviction personnelle, indépendante de toute manifestation collective. Les pèlerinages ne sont plus guère suivis : aux saints vénérés en Seine-et-Marne depuis le Moyen Âge se substitue un culte plus secret. Mais des cierges brûlent toujours dans les églises ouvertes en semaine.

D'autres édifices traditionnels, comme, notamment, les lavoirs, remplissent plus rarement leur vocation. Autrefois, lorsque personne ne disposait à domicile d'eau courante, bien des femmes échangeaient confidences et commérages en lavant leur linge ; au bord du Loing, dans la vallée du Fusain, de l'Yerres, vers Rozay-en-Brie, à Échampeu, sur l'Ourcq — pour ne citer que quelques lieux —, les municipalités ont pieusement entretenu ces installations. Si l'on y recourt encore par sens de l'économie ou goût du pittoresque, le travail s'y déroule plus solitairement, donc plus silencieusement qu'autrefois.

la Seine-et-Marne

Dans tout le département, les marchés et les foires se tenaient à l'abri de ces belles halles encore visibles à Beaumont-en-Gâtinais, Dammartin-en-Goële et, surtout, Égreville. Cette tradition architecturale ne représente dans ces localités que le cadre, le support d'une manifestation collective encore bien vivante.

La fête perdue et retrouvée

Tant que l'on cultivera du blé sur le noble plateau briard, il existera une fête des moissons à Provins. Tant que l'on cultivera la rose dans les villages proches de Brie-Comte-Robert, il y aura une fête des roses. Égreville sera toujours célèbre pour son concours de volailles tant que la région pratiquera cet élevage et, à cette manifestation organisée en décembre, s'ajouteront les marchés hebdomadaires sur les places Massenet et Berne-Bellecourt. Fontainebleau n'est pas près d'abandonner sa vocation de ville du cheval, les belles allées de sa forêt étant particulièrement appréciées des cavaliers. De très nombreux manèges, des écuries privées, un équipage de chasse à courre, des concours hippiques justifient cette réputation.

Un peu partout, les fêtes de la Saint-Jean permettent aux diverses communautés de fusionner, au moins pour une nuit, en dansant autour d'un feu. À Nemours, par exemple, elles prennent une ampleur dont la population est fière. On ne peut donner une liste complète de ces manifestations folkloriques, souvent remises à l'honneur récemment par les municipalités. Mais il est une fête dont la régularité ne diminue pas le pouvoir d'attraction : le marché. Chaque localité de quelque importance tient à conserver le sien. Les villes assez étendues ont le privilège de plusieurs marchés hebdomadaires ; ainsi, à Meaux, des habitués ne s'approvisionnent qu'à celui de la place Henri-IV, alors que d'autres ne jurent que par celui des fromages, toujours sur la place du Marché, sur la presqu'île. À Fontainebleau, le dimanche matin, toute la région se retrouve ; les écologistes ne sont pas déçus, découvrant un ou deux maraîchers spécialisés dans les produits biologiques, parfois du miel de pays — celui du Gâtinais est célèbre et se fait surtout vers Montargis (Loiret) —, du fromage de chèvre... des artisans venus là exposer leurs créations. Aucun libre-service, aucune grande surface ne procurera jamais une telle joie pour les yeux, un tel plaisir du coude-à-coude presque fraternel entre ceux qui s'ignoreraient ailleurs.

Les acheteurs — et, surtout, les acheteuses — qui fréquentent ces marchés ont souvent l'occasion de faire connaissance dans le car desservant encore les villages situés hors des lignes de chemin de fer. Là se nouent les plus solides complicités, les jeunes marginaux, souvent d'origine urbaine, parvenant même à un terrain d'entente avec des personnes âgées restées proche du terroir par nécessité. Quant aux touristes, ils contribuent, par leur soif de couleur locale, à maintenir ces occasions de découvertes, ne dédaignant pas, par exemple, à la fête du 14-Juillet d'Égreville, la coutume de récompenser une jeune fille « méritante », rosière bénéficiant des legs de Hubert et Jardin, citoyens généreux décidés à encourager la vertu !

Là où des traditions se sont perdues, elles peuvent encore se réveiller ; ainsi, à Tournan-en-Brie, le cercle Jean-de-Garlande a créé en 1978 une association destinée à remettre à l'honneur coutumes et traditions régionales. Les « Guillonneux » parviendront-ils à retrouver l'âme d'une confrérie ancienne qui, autrefois, allait de maison en maison, de village en village, colporter potins et nouvelles ? Recommencera-t-on aussi à parler briard, à l'instigation de ces amoureux du terroir ?

D'autres activités culturelles mettent en valeur les richesses du passé, sans pour autant correspondre à un retour aux sources. Fontainebleau, Moret, Meaux, Provins et quelques bourgs fiers de leurs monuments s'illuminent certains soirs d'été ; d'anciens centres organisent des concerts dans l'église dont ils sont désireux d'assurer l'entretien, tout en faisant connaître des trésors artistiques souvent ignorés. Ainsi, un festival Couperin rappelle le souvenir du musicien à Chaumes-en-Brie ; à Doue, à Nemours, notamment, la musique

le coffre

En Brie comme dans toutes les autres provinces françaises, le coffre a précédé l'armoire ; de petites dimensions, ce meuble avait l'avantage de pouvoir se déplacer aisément, aussi servait-il, entre autres, à transporter linge et vêtements en voyage.

◁ *Les vastes demeures d'Île-de-France sont connues pour leur charme et pour la beauté de leurs proportions et des matériaux qui les composent. Autour, selon la fortune de leurs habitants, s'étendent des jardins, paysagers ou à la française, plus ou moins vastes. À Preuilly, dans le parc même de l'abbaye fondée par les cisterciens en 1118, se trouve cette maison, aujourd'hui propriété privée, construite au XVIII*e *siècle.*
Phot. Marthelot-Scope.

▷ *La forêt de Fontainebleau est l'une des promenades favorites des amateurs d'escalade et des citadins, particulièrement des Parisiens. Nombreux sont, en effet, ceux qui viennent s'initier aux joies de la varappe sur les rochers, ou qui s'entraînent en vue de courses alpines, voire himalayennes.*
Phot. A. Gaël.

la Seine-et-Marne 11

▽ *Les vignerons de Provins ne manquent pas « leur fête », au mois de janvier. Ce jour-là, ils revêtent le costume briard et, après la messe, partagent le repas traditionnel. Cette coutume est vivace, quoique la vigne soit, ici, en régression. Elle n'est en effet cultivée que sur une trentaine d'hectares, dont huit sont d'appellation « champagne ».*
Phot. Bénard-Top.

▷ *Les moulins à vent ont été nombreux dans cette région de terres à blé. Celui de Choix, à Gastins, pourrait dater du XVIIe siècle. Il a servi jusqu'à la Première Guerre mondiale et a été restauré en 1977. Son inauguration a donné lieu à des fêtes régionales, en costume du pays.*
Phot. Blanchard-Marco Polo.

reprend ses droits pendant l'été ; l'une après l'autre, chaque cité suscite l'intérêt des mélomanes.

La région a toujours inspiré les peintres, depuis l'école dirigée à Fontainebleau par le Primatice jusqu'à l'école de Barbizon, animée par Théodore Rousseau, et jusqu'aux impressionnistes. Bien des artistes habitent encore le long de la Seine ou du Loing ; et nous ne sommes pas étonnés de voir un peintre à Saint-Mammès, à l'endroit précis où Sisley s'installait parfois, la vue sur la ville de Moret y étant tout à fait remarquable. Certains paysages, en effet, n'ont guère changé et, aux expositions organisées à Fontainebleau et Barbizon, les sous-bois évoquent d'autres noms déjà célèbres ! Mais les auberges ne font plus crédit aux artistes impécunieux. Où est donc l'heureux temps du père Ganne, que Théodore Rousseau et ses compagnons remerciaient d'une toile ? Les auberges d'antan sont transformées... en musées.

Les touristes ne s'en plaignent pas, découvrant chaque année un nouveau temple de la tradition. Ainsi, il y a plus de trente ans que le cheval ne laboure plus les beaux limons de la Brie, plus de trente ans qu'il ne tire plus les péniches sur les chemins de halage. Est-ce pour cela qu'un musée du cheval vient de s'ouvrir à Liverdy, en Brie forestière ? Et pourtant, l'animal n'est pas près de rejoindre ces êtres préhistoriques que sont devenus les premiers mammifères. Il a, au contraire, retrouvé toute sa noblesse. Un peu partout, des haras permettent aux sportifs de s'entraîner, l'équitation étant l'activité peut-être la plus pratiquée dans le département, aussi bien comme loisir que dans un but de compétition. À cette tradition bien vivante s'ajoutent des activités plus récentes, axées sur des équipements tels que piscines, golfs, tennis. La région de Fontainebleau — mais aussi les bords de la Marne, du Grand et du Petit Morin — offre, comme dans le passé, bien des occasions de détente : les plus actifs font de l'aviron ou du canoë, pendant que d'autres évoquent devant une table bien garnie d'agréables souvenirs de guinguettes immortalisées par tant de peintres et d'écrivains du XIXe siècle.

Peut-être se distrait-on plus sagement qu'autrefois dans ces villégiatures, où toute une société, souvent privilégiée, souvent d'origine étrangère, a acheté des résidences secondaires (qu'elle habite de plus en plus toute l'année). Le peuple parisien aimait danser et faire la fête ; maintenant, il préfère oublier une semaine de travail sédentaire et bureaucratique dans les joies du grand air. Ainsi, la forêt de Fontainebleau attire chaque année environ 10 millions de visiteurs et l'Office national des forêts, qui dispose d'une cinquantaine de personnels de terrain, ne manque pas d'activités. Les cèpes, les coulemelles, les girolles parviendront-ils toujours à satisfaire tant de promeneurs, ces novices aux mains rapides qui déterrent souvent le champignon au lieu de le couper, nuisant ainsi au mycélium, donc à la reproduction ?

Heureusement que la promenade se transforme vite en escalade, du moins pour les plus jeunes. Depuis les travaux de Dénécourt et de Colinet, il existe des sentiers fléchés conduisant aux sites les plus célèbres ; des cartes évitent toute mauvaise surprise à ceux qui souhaitent des loisirs plutôt qu'une aventure. D'autres, en futurs alpinistes, veulent surtout s'entraîner, s'attaquant aux rochers les plus difficiles. Des guides des principaux lieux d'exploits sportifs ont été établis par le Club alpin, et plusieurs écoles fonctionnent en forêt.

On comprend ainsi que la varappe — nom donné à ce type d'escalade — soit une affaire sérieuse.

D'autres lui préféreront peut-être la pêche, moins dangereuse et plus adaptée aux personnes d'un certain âge. Pourquoi ne pas pêcher la truite dans l'Orvanne ou le Lunain, le brochet dans le Loing, ou même le modeste goujon un peu partout ? Dans le bel ensemble du château de Fontainebleau, le grand canal offre bien des possibilités, et la population de la région ne manque pas d'en profiter ; si l'Administration ne repeuplait pas régulièrement ces plans d'eau, la passion des pêcheurs finirait par être déçue, malgré la patience inhérente à ce type d'activité. La ténacité des Français dans ce domaine explique le jugement porté par certains sur une ville nouvelle comme Marne-la-Vallée : territoire où il fait bon vivre, assurent plusieurs personnes rencontrées sur l'Agora, car les plans d'eau nombreux permettent d'y pêcher !

Aucun centre de loisirs organisés — malgré la richesse des possibilités offertes — n'aura aisément le pouvoir d'attraction d'un beau plan d'eau où le poisson frétille, ou encore d'un terrain de pétanque. Quant à la chasse, elle exerce toujours la même fascination. Comme les courses cyclistes, comme, de plus en plus, les randonnées à pied. Un bon moyen de découvrir le département tout en restant dans la ligne des traditions les plus anciennes, n'est-ce pas encore de le faire au fil de l'eau, par exemple sur le *Sisley* ou le *Cézanne ?* La Seine, à Saint-Mammès, s'offre aux touristes comme une aventure. Pour les bateliers, elle est encore un métier qu'un trajet de plaisance sur une vedette rend plus accessible au non-initié. Visiter les vieilles maisons découvertes de la rive droite de la Seine, vers Saint-Mammès, donne toute sa force à un univers de navigateurs d'eau douce encore si authentique. Dans ce domaine, les romanciers n'ont rien inventé, et l'on retrouve l'atmosphère décrite par Simenon en flânant sur les rives des canaux, peut-être — pourquoi pas ? — en s'arrêtant prendre un verre dans un café-restaurant situé en pleine ville de Nemours, au bord de l'eau, pour retrouver dans le coude-à-coude une vérité humaine dont la littérature ne peut que se faire l'écho.

▽ *Les derniers samedi et dimanche du mois d'août, les habitants de la ville basse et de la ville haute de Provins fêtent les moissons en costumes du XIXe siècle. Défilés de chars, spectacles et marchands forains attirent un vaste public, dont les nombreux Parisiens qui, dans la région, possèdent des résidences secondaires.*
Phot. Bénard-Top.

la Seine-et-Marne 13

AFFINEUR EN BRIE
Gardien jaloux de son dédale fromager

L'histoire du fromage se confond fraternellement avec celle de la gastronomie, avec celle de l'homme. Le brie de Meaux existait déjà au VIIIe siècle : la chronique de l'époque rapporte en effet qu'en 774 Charlemagne en aurait goûté au prieuré de Rueil-en-Brie. Plus près de nous, en 1815, au congrès de Vienne, Talleyrand, qui s'y connaissait autant en finesse gustative qu'en rouerie politique, fit sacrer le brie de Meaux « roi des fromages », devant soixante concurrents venus de tous pays.

Ce fromage quasiment historique, savoureux fleuron de notre production, entre dans la catégorie des pâtes molles à croûte fleurie. À l'origine, le processus fromager s'enclenche et se déroule de la même façon que pour tous les fromages : caillage, moulage, salage, égouttage, le produit obtenu étant alors un fromage frais. C'est à ce stade que le mode de fabrication devient spécifique.

Le futur brie de Meaux, disque plat de 35 à 37 centimètres de diamètre, est ensemencé par adjonction de *Penicillium candidum*, un champignon qui se développe au contact de la caséine, qui s'en nourrit en quelque sorte. On le laisse ensuite égoutter sur des claies, juste ce qu'il faut pour ne pas épuiser tout son sérum et conserver à la pâte le moelleux souhaité. Intervient alors cet artiste de la production fromagère : l'affineur, sans qui aucun fromage à pâte molle ne serait digne de figurer sur la table de l'amateur.

Dans la petite entreprise familiale de Robert Rouzaire, à Tournan-en-Brie, les fromages frais arrivent trois fois par semaine, en provenance de « l'usine », terme générique qui en aucun cas ne saurait prendre un sens industriel.

Déposés sur des claies, dans un entrepôt bien ventilé, dont la température ne varie jamais (7 degrés environ), les fromages font l'objet d'une surveillance de tous les instants. Pendant 8 à 10 jours, ils sèchent, patiemment, tandis que dans les profondeurs de la pâte s'opère la mystérieuse alchimie des ferments. Périodiquement, une main expérimentée vient les retourner, un à un. Lorsque pointe la fleur, c'est-à-dire qu'une légère moisissure blanche apparaît en surface, les fromages sont mis en cave, où ils achèveront de mûrir.

Jusqu'alors inexistante, la croûte se forme et épaissit. Là encore, il s'agit de retourner régulièrement chaque fromage, pour une parfaite homogénéisation de l'affinage. Amoureusement surveillé par Robert Rou-

▽ *Dans les sept cantons producteurs de brie de Meaux, on évalue entre 25 000 et 30 000 l la quantité journalière de lait nécessaire aux soixante fromagers de la région. Le lait de vache, collecté alentour — il s'agit impérativement de lait cru —, est additionné de présure. Le caillé déposé à la pelle à brie, la saucerette, dans des éclisses, formes métalliques dont le diamètre varie entre 35 et 37 cm, va s'égoutter sur des claies, perdant ainsi une partie de son sérum.*
Photos R. Mazin-S.R.D.

▽ *Après un égouttage de douze heures, on procède au salage de la face en la frottant avec un sel sec exclusivement. Puis chaque fromage est retourné manuellement afin de permettre le salage de l'autre face. Ces premières opérations, prémices du brie de Meaux, appellent déjà beaucoup de soins, car elles conditionnent l'évolution de la pâte.*
Phot. R. Mazin-S.R.D.

▽ *Sortis des éclisses et sagement rangés sur leurs claies, les bries reçoivent d'abord leur dose de Penicillium candidum à l'aide d'une poudreuse spéciale. Ils sont quelque 7 000 dans ce seul entrepôt, où ils bénéficient de l'attention constante de Robert Rouzaire et de son équipe. Certains ne sont encore que des fromages frais ; d'autres présentent déjà les appétissantes caractéristiques du « roi des fromages ». Tous s'affinent lentement, retournés avec une régularité méticuleuse et jamais dans le même sens, afin que les claies impriment sur leurs faces un savant quadrillage.*
Phot. R. Mazin-S.R.D.

zaire, assisté d'un personnel compétent, le seigneur de Meaux progresse vers d'exquises succulences, avec la lenteur qui sied aux plus grands.

Il se fabrique actuellement dans la région quelque 30 000 bries de Meaux par semaine, 4 000 portant le label Rouzaire. Une telle production justifie le dynamisme qui imprime à cette entreprise artisanale un cachet moderne. La ligne de conduite de Robert Rouzaire : mettre la technique au service d'un produit dont la vocation demeure néanmoins traditionnelle. « L'affaire a été créée par mon père, dit-il, mais je lui ai donné beaucoup de moi-même. Je l'ai développée de mes propres mains. »

Jadis, les Rouzaire se situaient à tous les stades de la production, de la collecte du lait dans les fermes jusqu'à l'affinage. Après la Seconde Guerre mondiale, le remembrement a changé la géographie fromagère de la Brie. Les petites fermes ont disparu et, pour protéger leurs intérêts, les fabricants de brie de Meaux se sont constitués en S.I.C.A. (Société d'intérêt collectif agricole). Robert Rouzaire se cantonne maintenant dans l'affinage spécialité fort peu répandue, puisqu'il n'existe que huit affineurs pour le brie de Meaux.

Spectacle admirable que celui de cet homme de terrain circulant dans les travées de sa cave. L'attention en éveil, il vérifie la température, ausculte un brie, en retourne un autre. Rien ne lui échappe.

Une belle leçon de savoir-faire pour qui aime le travail « à cœur ». Un espoir de haut goût pour l'amateur de produits naturels, élaborés dans le respect des traditions.

△ Lorsque apparaît à la surface de la croûte une légère moisissure floconneuse, la fleur, le brie passe à la cave, seconde étape de son affinage. Tout ici respire l'hygiène. Chaque année, une équipe spécialisée désinfecte entièrement les lieux. Sans cette précaution, gare au poil-de-chat, un champignon parasite dont la forme justifie le nom ! De couleur noire, il prolifère très vite et peut réduire toute une production à néant en vingt-quatre heures. Mais l'œil et la main du maître veillent. La croûte, jusqu'alors mince pellicule, s'épaissit en douceur et, grâce à elle, l'humidité interne s'équilibre et les ferments se propagent harmonieusement à l'intérieur de la pâte. Le maître des lieux peut être satisfait : le magnifique fromage qu'il vient de retourner une ultime fois est à point. Demain, dans sa traditionnelle boîte de bois, le brie de Meaux quittera la cave pour être livré à la gourmandise des consommateurs.

Photos J.-P. Germain-S.R.D.

Comprise entre Seine et Marne, la Brie est une région de vastes espaces sur lesquels on cultive principalement du blé et du maïs. Les rendements obtenus sont supérieurs à la moyenne nationale, grâce à la richesse du sol, amendé par l'emploi d'engrais, et à l'utilisation de produits antiparasitaires. La Seine-et-Marne est, d'ailleurs, le troisième département producteur de céréales de France. Paysage des alentours de Donnemarie-Dontilly.
Phot. Marthelot-Scope.

Les agriculteurs sont-ils encore des paysans ?

Découvrir l'univers agricole exige plus de patience que s'initier au monde des péniches. Le mieux est d'entreprendre quelque randonnée pédestre, de traverser ces grands champs briards pour y admirer, au fil des saisons, blé, maïs et betterave. De plus, il est plus facile de rencontrer un agriculteur sur son terrain qu'à la ferme, où il ne rentre que pour manger et se reposer. La plupart du temps, aucun prétexte d'achat de produits du terroir ne facilite les contacts avec ces « chefs d'entreprise » surmenés. Dans ces grandes exploitations, la volaille ou les moutons de la cour servent essentiellement à la consommation familiale. Quant aux céréales, elles sont livrées à des coopératives, et les betteraves, aux nombreuses raffineries du département. Toute l'agriculture moderne échappe donc aux circuits de vente directe au consommateur. Si elle a pour théâtre les fermes fortifiées d'antan et ces vastes étendues mollement vallonnées décrites par les géographes, elle peut manquer de pittoresque pour un amoureux du terroir.

Un champ de blé reste, cependant, un plaisir pour l'œil, même s'il résulte d'une suite d'opérations réalisées de façon industrielle, sur une très grande échelle. Et l'existence des agriculteurs demeure tributaire des saisons : certaines années, ils attendent la pluie ou, au contraire, le beau temps, avec l'anxiété des paysans peints par Courbet et Millet.

Les petites fermes d'élevage — situées dans les villages — sont plus accessibles au visiteur, qui peut toujours y entrer acheter œufs, volailles et lait. Dans le Gâtinais, mais aussi dans la plupart des vallées briardes, les vaches laitières se maintiennent, malgré une évolution qui ne leur est pas favorable. Les jeunes se soumettent de moins en moins volontiers à l'esclavage représenté par la traite, et, souvent, les enfants suppriment l'étable des parents pour la remplacer par un troupeau de bœufs ou de génisses à vendre au marchand, dès que possible. Cela dit, on produit encore du lait en Seine-et-Marne et des fromages de Brie.

Aucune tradition ne se perd dans ce département qui, sur 60 p. 100 de terres agricoles, emploie encore plus de 20 p. 100 de « ruraux », même si ceux-ci partent souvent en vacances, voire en week-end ! Encore que les possibilités de loisirs soient très différentes d'une exploitation à une autre, comme les niveaux de vie. Car peut-on comparer l'existence d'un éleveur du Gâtinais ou du pays de Bière à celle d'un exploitant de 300 ha en Brie française ou champenoise ? Pour le premier, l'achat d'une trayeuse électrique représente déjà un investissement coûteux, alors que, pour le second, posséder plusieurs tracteurs et une moissonneuse-batteuse correspond à un équipement normal. Souvent, dans une même localité, les fermes se suivent et ne se ressemblent pas ; c'est le cas, par exemple, à Voinsles, en Brie centrale, qui en comporte encore seize, et à Échampeu, près de Lizy-sur-Ourcq, où, comme en général dans le Multien, les fermes occupent le village, au lieu d'être isolées.

Non, il n'y a plus de troupeaux de moutons dans cette région où ils faisaient partie du paysage, à en croire certains tableaux de Troyon. Seuls, quelques-uns d'entre eux broutent l'herbe des cours de ferme ; et la carte postale du XIXe siècle représentant un troupeau qui descend la rue principale de Nemours — la célèbre N 7 — comme un fleuve indocile, figure maintenant dans les albums des collectionneurs. Seules les frisonnes et les bœufs, généralement de race charolaise, « animent » les vallées, sans oublier les chevaux et les poneys, de plus en plus nombreux.

C'est même l'évolution fréquente de bien des exploitations proches de centres urbains importants ; d'abord elles acquièrent quelques chevaux pour le plaisir du patron, puis on les fait monter par les Parisiens le week-end, enfin la ferme se transforme en haras. Cela étant dit, il existe encore beaucoup d'éleveurs en Seine-et-Marne, et nul ne peut prédire de façon certaine leur future disparition, tout pronostic dans une société menacée par le chômage comme la nôtre se révélant dangereux. Il est même des lieux où l'on envisage de remettre en valeur une ferme abandonnée. Ainsi, à Marne-la-Vallée, il est question de réinstaller un fermier à la ferme du Buisson, actuellement transformée en Maison pour tous. De cette façon, les enfants des écoles pourraient constater *de visu* que le lait consommé en bouteille sort bien du pis de la vache !

L'artisanat : luxe ou défense d'un certain art de vivre ?

L'artisanat, qui serait condamné, aux dires de certains, semble résister un peu partout dans le département. De vieux métiers ont disparu, d'autres se sont transformés, et il y aura toujours des maçons, des menuisiers, des couvreurs pour entretenir les vieilles demeures, parfois pour en construire d'autres à l'image des anciennes. Non seulement on sauve de plus en plus souvent le

△ *De petits élevages d'oies constituent pour certains agriculteurs un revenu d'appoint, complétant les gains provenant de la vente des poules, des canards et des œufs. Le département compte environ 2 000 oies pour 15 000 canards et plus de 1 million de poules.*
Phot. Marthelot-Scope.

◁ *L'horticulture occupe une place non négligeable dans l'économie de la Seine-et-Marne. En 1982, 232 hectares étaient réservés à la culture des fleurs coupées et en pots. À cela, il faut ajouter une soixantaine d'hectares de serres. Pour ne pas épuiser les oignons destinés à la vente, les fleurs des tulipes sont systématiquement supprimées.*
Phot. Dubois-Explorer.

passé de la démolition, mais encore il devient un modèle à imiter. Alors qu'il n'y a que fort peu — à proprement parler — de paysans, la maison paysanne se fait aussi précieuse à préserver qu'un château. Et qui donc appeler pour cette mission, sinon les vrais artisans, même s'ils ne sont pas forcément des fils d'artisans, et si les confréries sont mortes ?

Ainsi, par exemple, aux environs de Meaux, chaque village possède un ou deux hommes de l'art. Un bourrelier est encore au travail à Charny tandis qu'un village voisin abrite encore un matelassier. La renommée de chacun lui permet d'étendre sa clientèle dans toute la région ; souvent, les Parisiens contribuent à ce succès, apportant sièges en cuir et vieux matelas à refaire. Car l'automobile a étendu le champ d'activité des spécialistes, alors qu'en fait le nombre de clients potentiels par localité a nettement diminué.

Oui, le recours à un tisserand devient un luxe, un acte gratuit nécessaire aux amateurs de beau travail. Certains créateurs y trouvent leur raison d'être. Par exemple, à Thomery, deux jeunes femmes se sont installées assez récemment, non loin l'une de l'autre, chacune s'efforçant d'avoir un style bien à elle. Porter une robe ou s'acheter un service de table tissé dans cet ancien village de vignerons devient un geste aussi chargé de signification que l'achat d'un tableau. Et l'heureux privilégié admire chaque détail du tissu, chaque nuance de couleur, comme s'il revivait par le toucher une époque où la machine n'avait pas encore uniformisé notre existence.

Certains lieux privilégiés inspireront toujours les artistes, par leur beauté comme par leur richesse en matières premières, cause historique de leur rayonnement. Ainsi, Provins, capitale de l'argile, ne peut manquer d'attirer les potiers. En ville haute, un céramiste s'est vu rejoint par un imagier et un tisserand, tout épris de ce cadre médiéval où l'on cherche à retrouver les gestes des anciens maîtres, leur exigence pour le travail bien fait. C'est aussi un centre de tourisme, donc une bonne insertion sur le plan commercial. Car vendre reste un problème pour tous, quels que soient leurs mérites ; pour pallier ces difficultés, bien des artisans d'art organisent des stages pour ceux qui désirent s'initier à leur technique. Cette activité

△ *La cuisine du château de Vaux-le-Vicomte telle qu'on peut la voir aujourd'hui a été installée à la fin du siècle dernier, lorsque la famille Sommier a pris possession des lieux. Elle était encore utilisée en 1956.*
Phot. Sappa-C.E.D.R.I.

le bâton de lit
Les bâtons de lit servaient autrefois à « faire les lits » encastrés dans des alcôves, dont ils permettaient de ramener plus aisément draps et couvertures. Ces objets, souvent très décorés, constituaient l'un des cadeaux du berger de la ferme à la fille de son maître, lors du mariage de celle-ci.
Dessin d'après *Arts populaires des pays de France*, Joël Cuénot éd., Paris.

pédagogique contribue à leur renom, et, parfois aussi, tant par la rémunération du stage que par les ventes d'objets, à l'équilibre de leur budget.

Le livre d'or des gourmands

Comme pour l'artisanat, bien des gens soutiennent la réputation de leurs produits du terroir par amour d'un certain raffinement. Ainsi, à tout fromage fabriqué de façon industrielle, on préfère presque toujours le brie, ou plutôt *les* bries. Car trois villes, dans ce domaine, se font une concurrence loyale. Meaux a vu son brie, déjà révéré à la cour de Philippe Auguste, couronné roi des fromages par Talleyrand et les 143 négociateurs du congrès de Vienne. Autant dire qu'il n'a jamais perdu ses droits, même si le département n'a plus le monopole de sa fabrication : quelques cantons, en effet, dans l'Aube, le Loiret, la Marne, la Haute-Marne, l'Yonne, la Meuse partagent maintenant ce privilège. La fabrication reste, cependant, très réglementée pour ce fromage à pâte molle au lait cru, moulé à la main avec une pelle spéciale. Melun possède également son brie, plus épais et d'une saveur un peu plus forte. Quant à Coulommiers, elle en tient pour la douce suavité du sien. Au brie de Meaux revient tout le mérite, pourtant, d'un certain nombre de recettes, comme les galettes briardes, savant mélange de farine, de beurre, d'œufs et d'épices, avec une bonne proportion de fromage un peu coulant et sans croûte.

▽ *Le musée du Cheval et de l'Attelage, à Liverdy, a été créé en 1981. Quelques copies viennent compléter une très belle collection de diligences et de carrosses anciens, qui sont quelquefois loués pour des tournages de films ; cependant, les pièces les plus rares ne sortent jamais des salles d'exposition.*
Phot. Blond-Pix.

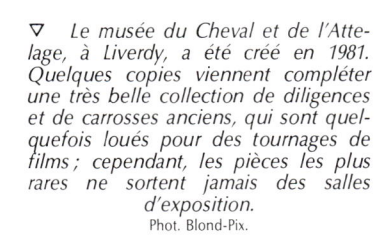

▽ *C'est en 1638 que fut fondé le prieuré de Notre-Dame-des-Anges, dont les religieuses fabriquaient des sucres d'orge. Le monastère disparut à la Révolution et plus personne ne confectionna ces douceurs. Mais, après la tourmente révolutionnaire, une bénédictine revint au pays et, avant de mourir, confia la recette à une amie qui en fit son profit... et celui des autres !*
Phot. J. Verroust.

la Seine-et-Marne 19

le cerf

Le cerf reste allongé tout le jour sur un lit de feuilles et de branchages, et se met en quête de nourriture au crépuscule, aussi est-il assez rare de l'apercevoir au cours d'une promenade diurne en forêt.

un peu de toponymie

Avon : peut-être du nom d'un homme latin « Abus » ou du germanique *abo*.
Barbizon : du nom d'un homme latin « Barbatius ».
Chelles : d'un mot bas latin *cala*, « abri-sous-roche », « maison », dérivé d'un pré-indo-européen *kal*, « pierre ».
Claye : du latin *clita*, « barrière ».
Combs-la-Ville : d'un mot gaulois latinisé *cumba*, « vallée encaissée ».
Dammarie-les-Lys : du latin *Domina Maria*, « Marie, souveraine ».
Dammartin-en-Goële : du latin *dominus*, « seigneur », et de Martin, apôtre des Gaules.
Montereau : de « monasterellum », diminutif de *monasterium*, « couvent », « église ».
Moret-sur-Loing : du latin *murus*, « mur ».
Nangis : du nom d'un homme germanique « Nantgis ».
Vaires-sur-Marne : du gaulois *verno, verna*, « aulne ».

D'après le *Dictionnaire étymologique des noms de lieux en France*, d'Albert Dauzat et Charles Rostaing. Librairie Guénégaud.

Aucune vieille cité ne voulant faire figure de pauvre dans ce festival de la gourmandise, Provins remet à l'honneur un brie de petite taille auquel elle donne aussi son nom. Parviendra-t-il à s'imposer sur le marché comme celui de Meaux ou de Coulommiers ? L'histoire le dira. Mais c'est surtout dans le domaine de la confiserie que la Belle au bois dormant des comtes de Champagne manifeste un réveil charmant : bonbons, liqueur, confiture de roses, et, enfin, menu provinois affiché par les meilleurs restaurants de la ville, où trône, par exemple, « un duo de cailles au confit de roses » ! Nous revivons ainsi l'histoire de cette églantine rouge, probablement rapportée d'une croisade par un comte de Champagne. À moins que nous préférions goûter aux niflettes, tartelettes à la pâte feuilletée garnie de crème pâtissière, vieille recette médiévale retrouvée par un confiseur-pâtissier de la ville basse et remise à l'honneur pour chaque fête de la Toussaint ; on disait autrefois aux orphelins : *ni flète*, « ne pleure plus », en leur donnant cette merveille pour sécher leurs larmes, d'où le nom de la pâtisserie.

Il serait injuste d'oublier d'inscrire au livre d'or de pieuses confiseries qui ont gardé toute la suavité ecclésiastique : le sucre d'orge de Moret, invention des religieuses du prieuré de Notre-Dame-des-Anges, perdue après la fermeture des couvents à la Révolution et retrouvée au XIXe siècle, ou les macarons des visitandines de Melun. Injuste également de ne pas rendre hommage à ce bonbon en forme de raisin qui, à Fontainebleau, perpétue la tradition du chasselas à une époque où la *Treille du Roi* et *Thomery* ont bien du mal à se maintenir dans le domaine fruitier. Les carpes, friandises chocolatées, s'efforcent de rappeler la présence de ces célèbres poissons dans l'étang près du château. Quant à Nemours, on lui doit les bonbons « coquelicots », qui ont la forme et la couleur de cette jolie fleur.

Notre promenade gourmande risquerait de nous entraîner trop loin, par exemple sur cette route des Roses qui passe par Villecresnes, Grisy-Suisnes, Guignes-Rabutin, Vulaines... et Provins. À moins que, délaissant cette modeste églantine (devenue historique à la suite d'un mariage Lancastre et de la guerre des Deux-Roses), nous en revenions à des recettes bien françaises où le champagne intervient dans les sauces, ainsi que la moutarde de Meaux. Et pourtant, la Seine-et-Marne ne possède que quelques hectares méritant l'appellation « champagne », à Nanteuil-sur-Marne ! Qui songerait à se plaindre de cette adjonction capiteuse aux viandes et volailles d'une table bien médiévale ? ∎

▷ Dans le parc du château de Fontainebleau, au milieu de l'étang des Carpes, s'élève un petit pavillon. L'atmosphère, due à la lumière et à la végétation, est caractéristique de l'Île-de-France. Ces jardins ont été dessinés et redessinés au cours des siècles selon les goûts des rois qui se sont succédé. Créés par Henri IV, ils furent largement modifiés par François Ier, puis par Le Nôtre, d'après les volontés de Louis XIV.
Phot. Sailler-Explorer.

la Seine-Saint-Denis

Un million et demi de gens vivent et aiment vivre dans ce département récent, proche de l'intense pulsation du grand cœur parisien.

LES PAYSAGES MONTAGNARDS, soutiennent les géographes, ne sont, au fond, pas si complexes qu'il peut sembler : à droite, une large vallée ; à gauche, une ligne de crêtes ; devant, le principal sommet du massif. Très bien. Et en plaine ? Ici, c'est une ride de terrain pas plus haute qu'un immeuble, un talus de vingt mètres de commandement, un simple remblai de voie ferrée qui induisent la différence. Qu'on imagine le malaise d'un provincial qui « monte » pour la première fois dans la capitale, et qui découvre, du haut du viaduc de l'autoroute du Nord, le moutonnement sans fin des habitations de banlieue encerclant la froide basilique des Capétiens, sépulture des rois de France...

Département récent, qu'on pourrait dire artificiel, département sans rivière (la Seine et la Marne ne le bordent que sur quelques kilomètres), sans plan d'eau, la Seine-Saint-Denis cherche encore son identité. D'autant plus que le relief et l'occupation humaine laissent une impression persistante d'hétérogénéité. L'œil exercé remontant de la plaine de France jusqu'au plateau d'Avron, en passant par les buttes pittoresques de l'Est parisien, chapeautées de forts qui évoquent la guerre de 1870 et les nouvelles de Maupassant, ne distingue pas moins de cinq types de paysages.

△ De nombreux habitants du Val-de-Marne ou de la Seine-Saint-Denis possèdent un jardin, où ils s'adonnent à leur distraction favorite, culture des fleurs ou des légumes, élevage de poules, de canards, ou de pigeons. C'est le cas de ce colombophile d'Aulnay-sous-Bois.
Phot. Planchard-Pix.

Au nord du département règne l'austère Plaine-Saint-Denis, très urbanisée, avec ses immeubles de rapport du XIXe siècle, son horizon strictement ouvrier (certains quartiers ne le cèdent en rien au Bronx new-yorkais), ses grandes enclaves industrielles, ses sévères hauts lieux du prolétariat parisien que sont Saint-Denis, Saint-Ouen, La Courneuve, Aubervilliers... L'est immédiat de Paris offre, par contre, du Pré-Saint-Gervais à Montreuil, en passant par Les Lilas et Bagnolet, de petites cités grouillantes de vie, très densément peuplées, et qui ont conservé un peu d'humanité.

En glissant vers le sud-est, l'œil s'accroche ensuite à un véritable « refuge vert ». Montfermeil, où Cosette retrouverait sa fontaine, Villemomble, Clichy-sous-Bois, Neuilly-Plaisance, Le Raincy s'ornent de quartiers discrets où l'aisance est quelquefois perceptible. Vers le nord-est, les lotissements pavillonnaires de l'entre-deux-guerres, truffés de grands ensembles des années 50 et 60, dominent à Drancy, au Blanc-Mesnil, à Aulnay-sous-Bois, offrant un tissu urbain plus aéré que dans la Plaine-Saint-Denis, mais dans un cadre social de nouveau très modeste.

Enfin, une frange de communes rurales, au style encore villageois avec, de-ci de-là, comme une relique, une ferme survivante, clôt le département à l'est, au contact de la Brie. Coubron, Vaujours, Tremblay-lès-Gonesse — largement dévorée par l'aéroport de Roissy — gardent le souvenir de ce qui fut une région agricole riche.

Toutefois, au-delà de ces nuances réelles, la spécificité de la Seine-Saint-Denis réside dans une unité sociologique très forte. Elle se caractérise par un peuplement très homogène, largement ouvrier, où les couches moyennes elles-mêmes demeurent faiblement implantées. Cette originalité en a fait une « forteresse rouge » unique en France : à titre d'exemple, le P.C. y avait obtenu, aux élections législatives de 1978, 9 sièges de députés sur 9 !

Cités d'urgence et pavillons rococo

Qu'on ne s'imagine pas, cependant, un habitat stéréotypé, une sorte de ville tentaculaire monocorde issue d'un roman de Zola ou d'un poème de Verhaeren. Même si l'histoire architecturale est ici relativement courte, différentes générations de constructions sont naturellement discernables.

Quelques bâtiments ruraux ont survécu dans l'est du département, comme la Grange-aux-Dîmes de Tremblay-lès-Gonesse. Au hasard des promenades, on reconnaît çà et là un ancien noyau villageois, important à

▽ *Les grands ensembles contemporains sont souvent dotés d'aires de loisirs. Le parc de Bagnolet (ici) s'étend sur 10 ha, à la limite de Montreuil. Construit en deux temps — une première tranche en 1976, une seconde en 1979 —, il comprend un terrain de jeux pour les enfants, une zone gazonnée ainsi qu'une partie boisée pour la promenade.*
Phot. G. de Laubier.

Coubron, Gournay-sur-Marne, Vaujours, plus réduit au fur et à mesure qu'on s'approche de Paris. Ici subsiste la porte d'une grange transformée en garage, là une exploitation agricole hors sol discrètement intégrée dans le tissu urbain. Plus fréquentes et plus sinistres, hélas, sont les grandes bâtisses du XIXe siècle, dont les façades portent souvent encore la trace du charbon. Dans les banlieues plus aisées, la Belle Époque a vu l'apparition de pavillons bourgeois, parfois rococo, comme ceux qui dominent Le Raincy. Cette première avant-guerre a d'ailleurs connu un curieux développement de résidences secondaires, dont la trace subsiste : petites maisons de Parisiens modestes venus profiter de la semaine anglaise en jardinant et en prenant un bol d'air de la campagne.

L'entre-deux-guerres a marqué le début de l'occupation systématique des sols : les grands lotissements pavillonnaires (comme à Bondy, par exemple) ont définitivement empli le centre du département, englobant les humbles constructions de l'époque précédente. Quadrillage à l'infini de petites villas simples, mais sans monotonie, et conservant, par rapport à ce qui allait suivre, une touche d'harmonie. Déjà, des tentatives d'architecture nouvelle voient le jour, réussies comme à Stains, où la cité-jardin, toute de brique, prend, le soir, un aspect intime et familier, ou moins convaincantes, comme dans la cité de l'Aviation du Bourget, construite pourtant sous l'égide des découvreurs du ciel, mais qui évoque plus Métropolis qu'Aérograd.

Après 1945, cela a été la grande ruée. Dans la précipitation de la reconstruction, on a édifié quelques cités d'urgence qui n'en ont pas fini de disparaître. Puis est venue, dans les années 50 et 60, la vague impitoyable des grands ensembles, comptant parfois jusqu'à 20 000 résidents, destinés, à l'origine, à la population ouvrière locale, voire aux couches moyennes, et se dégradant lentement en ghettos pour immigrés. L'exemple tristement célèbre de ces excès urbanistiques est la cité des 4 000, à La Courneuve, haut lieu de misère et de délinquance, qui se dresse comme une barre grise au-dessus de l'autoroute du Nord.

L'état de délabrement actuel de ces grandes cités — malgré des tentatives récentes plus réussies, comme Les Courtillères de Pantin, ou l'honnête ensemble administratif de Bobigny — pose dès maintenant le problème de leur devenir. Les solutions proposées par les bureaux d'urbanisme vont de la destruction pure et simple à la réhabilitation, en passant par la fragmentation en unités plus petites. On a déjà, de-ci de-là, rasé un bloc, repeint quelques façades, aménagé des locaux collectifs.

Les municipalités, conscientes de la grisaille générale de l'horizon urbain, ont entrepris avec audace, et souvent avec succès, de rénover les centres-villes. Une très importante opération est en cours à Saint-Denis. On a parfois, dans cette perspective, utilisé les ressources les plus modernes. Le département de Seine-Saint-Denis étant bien doté au plan de la géothermie, 3 000 logements du nouveau centre d'Aulnay-sous-Bois sont déjà chauffés à l'aide de cette énergie nouvelle.

Disons-le franchement, la vie locale paraît difficile, rebutante, même, dans un département-dortoir que

△ *Les architectes actuels ont conçu les villes de l'an 2000 en fonction de nouveaux modes de vie. L'emploi de couleurs revêt une importance toute particulière, ainsi qu'on peut le voir à Marne-la-Vallée, qui s'étend sur trois départements : la Seine-et-Marne, la Seine-Saint-Denis et le Val-de-Marne. Ici, les quartiers centraux du Mont-d'Est, aux bleus du coloriste Rieti.*
Phot. Pratt-Pries-Diaf.

◁ *Cette maison d'Aulnay-sous-Bois, qui abrite aujourd'hui le commissariat de police, faisait partie d'un lotissement de 46 ha situé dans la forêt de Bondy et aménagé au début du siècle.*
Phot. Planchard-Pix.

45 p. 100 — chiffre énorme —, quittent quotidiennement pour leur travail (parmi ceux qui restent, la moitié change de commune). Les trajets sont longs, notamment pour les plus éloignés de Paris, et, les soirs de la mauvaise saison, les lampes s'éteignent tôt et les rues se désertent.

L'implantation humaine, de surcroît, est récente. Seuls les cœurs des villes jouxtant Paris, Saint-Denis, nécropole des rois de France, et Montreuil, ont quelque ancienneté. Jusqu'à la Révolution, le département n'est qu'un tissu de gros villages parsemé de résidences nobles. On vient chasser autour des châteaux du Raincy, de Gournay, de Clichy, de Saint-Ouen, d'Épinay, de Montreuil. Beaucoup de ces châteaux n'existent plus, hélas! que dans la légende (celui du Raincy, notamment, conçu par Le Vau, a été détruit). Les autres ont été transformés en hôtels de ville et se sont vu adjoindre, au XIXe siècle, ces maisons communales à

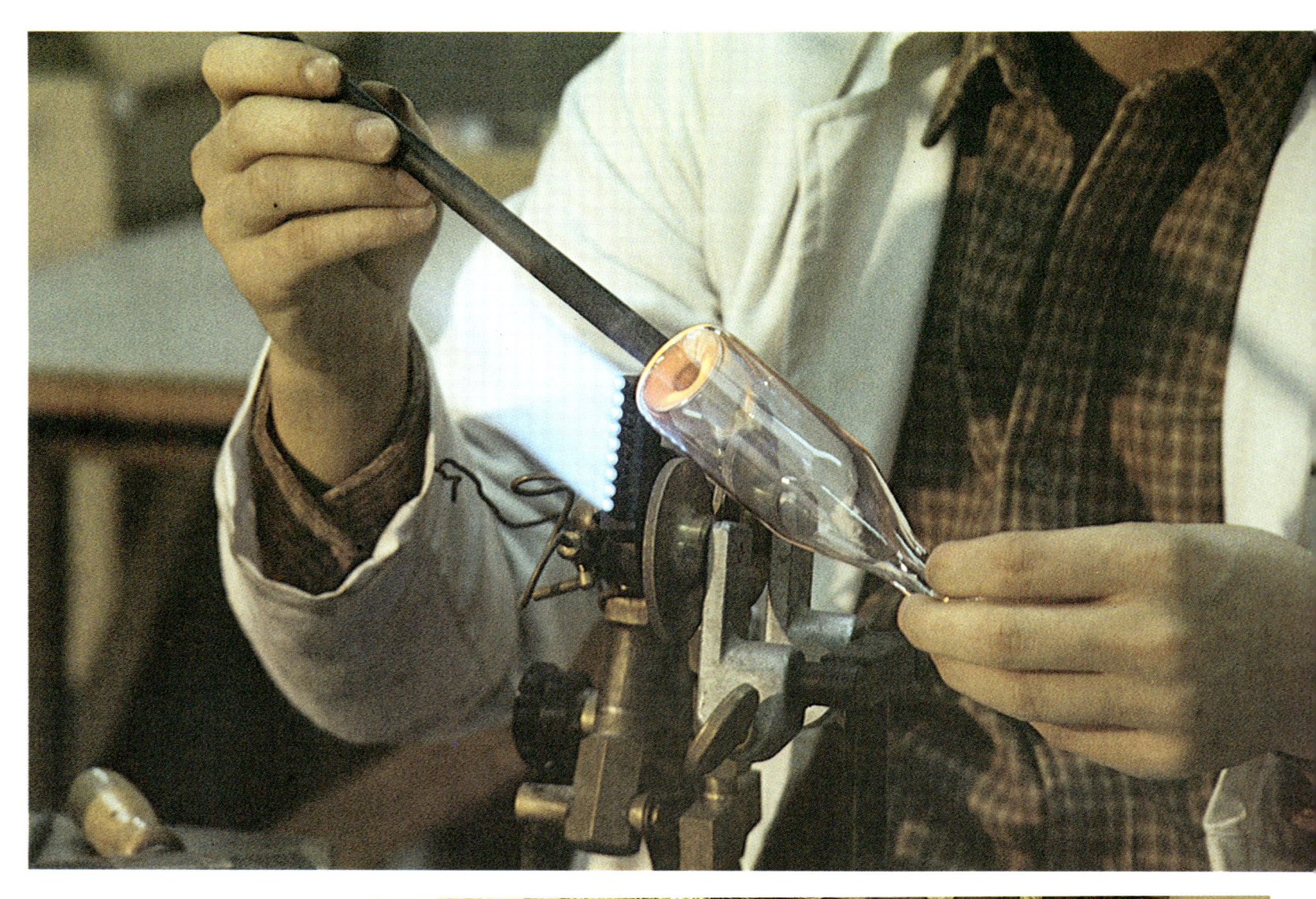

△ *Montreuil compte de très nombreuses petites entreprises. L'une d'entre elles, qui emploie une vingtaine de personnes, fabrique des bouteilles et des vases à partir de verre Pyrex. Le verre est soufflé au chalumeau et travaillé à la main.*
Phot. Batillot-Diaf.

▷ *Depuis deux ans et demi, cet artisan s'est installé à Montreuil. Il crée et fabrique des cheminées, des fontaines et des motifs décoratifs, selon les goûts et les désirs des clients.*
Phot. Batillot-Diaf.

4 la Seine-Saint-Denis, le Val-de-Marne

larges toits d'ardoise si caractéristiques de la région parisienne.

La révolution industrielle, puis les travaux d'Haussmann à Paris ont peuplé la banlieue proche : c'est aussi à cette époque que se sont fixés les nombreux jardins ouvriers, dont les sociétés d'horticulture étaient une émanation originale. De nos jours, encore, à Villemomble, un petit cortège promène une gerbe de l'église à la mairie le jour de la Saint-Fiacre.

Bals corses, fêtes occitanes, musique maghrébine

Le XXᵉ siècle a vu, dès avant la Seconde Guerre mondiale, l'arrivée massive des immigrants. Ceux-ci peuvent nettement se diviser en deux groupes. Les plus anciens, des Italiens, Polonais, Espagnols, dont les enfants sont français depuis deux générations, se montrent en général bien intégrés, tout en conservant parfois des traditions vivaces. Les Polonais du Blanc-Mesnil, par exemple, disposent d'un groupe folklorique actif.

L'immigration plus récente, par contre, celle des Maghrébins, Portugais, Africains noirs et des Yougoslaves, dans une moindre mesure, paraît beaucoup plus pauvre culturellement. Formée d'éléments issus du bas prolétariat, souvent analphabètes, cette nouvelle population n'a pas été à l'origine d'un enrichissement, d'un melting-pot des civilisations, comme l'ont rêvé parfois les utopistes. Le vrai cosmopolitisme ne se déduit pas de telles prémisses. Le pittoresque et l'inhabituel ne se limitent que trop à la musique arabe de second choix des juke-boxes et aux menus de restaurants annonçant des poivrons farcis ; à un rayon portugais dans les hypermarchés. Parfois, ici comme ailleurs, le seuil de tolérance réciproque est atteint ; et l'insertion des petits Franco-Maghrébins, sur le plan scolaire comme sur celui du travail ou de la vie quotidienne, reste un problème des plus brûlants.

D'ailleurs, la population métropolitaine elle-même est loin de former un tout homogène. Si l'« ouvrier parisien » demeure le personnage dominant, les affiches annonçant les pardons bretons, les bals corses, les fêtes occitanes se multiplient chaque saison à l'arrivée du printemps.

Le risque de vide culturel est bien réel. Les municipalités, qui en sont conscientes, ont, dans des conditions fort difficiles, tenté de relancer l'animation.

C'est en Seine-Saint-Denis qu'a commencé l'essor des théâtres de banlieue. Les plus connus de ceux-ci, le théâtre Gérard-Philipe à Saint-Denis, le théâtre de la Commune à Aubervilliers atteignent la qualité de leurs aînés parisiens. Les maisons des jeunes et de la culture se sont développées, même si leur fréquentation est parfois squelettique, même si leur gestion pose de délicats problèmes éthiques et idéologiques. Si les cinémas de quartier sont morts les uns après les autres, on a vu apparaître quelques batteries de salles neuves, et les ciné-clubs sont nombreux. Les loubards ont vidé les bals du samedi soir, mais l'on recommence à danser dans différentes fêtes.

L'activité sportive, souvent plus nécessaire ici qu'ailleurs, dans ce cadre difficile, dans cette atmosphère polluée, prend une forme de pratique de masse. Pas d'équipes de haut niveau dans les sports rois (football, rugby), mais de puissants clubs amateurs et de nombreux gymnases. On a aménagé le parc de La Courneuve, la longue piste cyclable du canal de l'Ourcq, une piscine de niveau européen à Aulnay. Curiosité local, des clubs d'archers remontant au XIXᵉ siècle survivent dans l'est du département.

C'est ici que se déroule la fête de l'Humanité, qui réunit à La Courneuve, le second dimanche de septembre, un million de visiteurs, dont bon nombre amenés sur place par une noria de milliers d'autocars. Rassemblement populaire et premier rendez-vous politique de la rentrée, meeting permanent et entassement de loteries et de gargotes, la fête offre un spectacle à la fois fascinant et irritant, en tout cas authentiquement différent. Son rayonnement ne paraît pas avoir trop souffert, pour l'instant, du recul électoral du parti politique qui est le sien.

▽ *De petits métiers ont fait leur réapparition. Depuis 1978, cette artisane travaille le grès. Les objets qu'elle crée sont vendus dans les boutiques de la région.*
Phot. Batillot-Diaf.

◁ *Les décors en mosaïques sont, de nouveau, dans le goût du temps ; on en voit aujourd'hui sur des murs d'immeubles, d'écoles, de mairies et de nombreux autres édifices officiels.*
Phot. Batillot-Diaf.

la Seine-Saint-Denis, le Val-de-Marne

La recherche de l'identité culturelle passe aussi par celle des racines. On ouvre des musées, aussi différents que le musée d'histoire de Saint-Denis (qui dispose d'une bonne historiographie de la Commune) et le musée de l'Air du Bourget. La ville de Saint-Denis essaie de ranimer chaque année l'ancienne foire du Lendit, remontant au XIe siècle, où venaient de tout Paris badauds et bateleurs.

Il existe, enfin, en Seine-Saint-Denis, un véritable mythe, fort sympathique au demeurant, celui de l'espace vert. Dans une région autrefois si agricole et aujourd'hui si urbanisée, les noms de lieux en témoignent poétiquement : Les Lilas, Le Blanc-Mesnil, Épinay, Aulnay-sous-Bois, La Courneuve, Tremblay... L'idée de replanter une couronne boisée à l'est du département a fait son chemin, et c'est maintenant par centaines d'hectares que se comptent les domaines sauvegardés ou aménagés : le parc paysager de La Courneuve (200 ha), la couronne du site de Coubron (500 ha), la légendaire « forêt de Bondy », qui fut, jusqu'au XIXe siècle, un coupe-gorge, le parc de Neuilly-sur-Marne. Plusieurs communes plantent actuellement, au parc du Sausset, des centaines de milliers d'arbres au cœur d'une zone d'usines et d'entrepôts.

De Garonor au marché aux puces

La vie économique fait de la Seine-Saint-Denis le premier département industriel de France. Et pourtant, l'agriculture s'y maintient. Le souvenir des « grosses terres » médiévales subsiste au nord, dans quelques fermes céréalières et betteravières malheureusement dévorées par l'aéroport de Roissy. Le maraîchage se maintient localement : quatre hectares de serres encore, des jardins à Pierrefitte-sur-Seine, à Bobigny, même si les pêches et les fraises de Montreuil ne sont plus qu'un souvenir. Les champignonnières demeurent actives à Livry, Gagny et Noisy-le-Sec. Des élevages, que l'œil ne distingue même plus dans la masse urbaine, fournissent en lait frais et en yaourts les commerces locaux.

Tous ces produits se retrouvent sur d'importants marchés qui concentrent 60 p. 100 de la vente des fruits et légumes. Là où l'herbe et le labour sont rares, où le béton et l'asphalte dominent, le marché, avec ses cris et ses couleurs, prend une importance qu'on n'eût pas soupçonnée. Souvent bihebdomadaire, il est lieu de rencontre, de débats, notamment en ce qui concerne la politique locale. Distributeurs de tracts, vendeurs de journaux, candidats aux élections municipales, activistes des groupes les plus divers s'y côtoient, se mesurant du regard au milieu d'une foule dense et bigarrée. On s'accroche sans doute, là, à des racines paysannes lointaines — françaises ou autres ! — et l'on fait obscurément confiance au brugnon doré, à la carotte d'hiver croissante de sable, à la mangue au parfum lointain, pour échapper à l'incarcération des pierres.

C'est toujours l'industrie qui donne au département ses lettres de noblesse. La chimie lourde, la métallurgie dominent de Saint-Ouen à La Courneuve, en passant par Saint-Denis et Aubervilliers. Ce secteur à l'histoire riche connaît toutefois de tragiques difficultés. Décen-

Phot. Veiller-Explorer.

---

le secrétaire

Meuble servant d'écritoire et de rangement pour les papiers, le secrétaire a, comme les autres meubles, été influencé par le style des époques ; au XIXe siècle, ses lignes sont simples. Il était placé de préférence dans la chambre, près de la cheminée.

Phot. Veiller-Explorer.

tralisation dès 1945 en direction d'une province proche, redéploiement des multinationales transportant leurs fabrications vers le tiers monde, crise des économies occidentales : les usines (de Chaix à Idéal Standard) ferment les unes après les autres. Certains quartiers prennent une apparence désolée, avec leurs locaux abandonnés aux vitres brisées.

Les petites entreprises de l'Est de Paris continuent à donner, par contre, une impression de vitalité. Elles sont souvent spécialisées dans la métallurgie, entre autres la ferronnerie d'art, qui ne débouche malheureusement pas sur un artisanat véritablement créatif. La frange d'industries récentes du nord-est du département, secouée par des conflits sociaux comme celui de Citroën-Aulnay, conserve, elle aussi, un dynamisme important.

Le travailleur type de la Seine-Saint-Denis est un « métallo » qualifié, appartenant depuis plusieurs géné-

Phot. L. Girard.

Lieu étrange, mystérieux, pittoresque, avec son dédale d'allées, ses boutiques, ses bric-à-brac où, quelquefois, on découvre un chef-d'œuvre... Les puces de Saint-Ouen ont un charme magique et envoûtant : s'y promener, fureter, chiner, marchander sont de véritables plaisirs auxquels, en fin de semaine, ne manquent pas de se livrer de nombreux habitants de la région parisienne. Ce monde de la brocante et de l'antiquité a sa hiérarchie et son « aristocratie ». Sept marchés se partagent les ventes aussi diverses qu'étonnantes : les fripes se trouvent au marché Malik, tandis que les beaux meubles s'achètent au marché Biron.

Phot. Dupont-Explorer.

rations à une famille ouvrière. Il est syndiqué à la C.G.T., vote généralement communiste. Son salaire peut s'élever à 8 000 ou 9 000 francs mensuels. Il a quitté les H.L.M. pour un pavillon dont il est propriétaire. Il passe ses vacances dans une caravane — stationnée parfois dans son jardin — qu'il tracte avec une voiture de cylindrée relativement puissante. Il ne dédaigne pas le travail au noir...

L'activité de distribution est marquée par l'émergence récente des centres commerciaux, « shopping centers » comprenant plusieurs hypermarchés, une galerie marchande de 60 à 80 commerces, une batterie de salles de cinéma, un bowling, parfois, plusieurs cafétérias et restaurants, des services et, bien entendu, d'immenses parkings. Rosny II (6 hectares !), Parinor (5,7 ha), Bobigny II (2 ha), Montreuil-Croix-de-Chavaux (2,1 ha) seront bientôt rejoints par les trois hectares de l'îlot Basilique-de-Saint-Denis. L'hypermarché apparaît maintenant, qu'on s'en réjouisse ou non, comme bien plus qu'un lieu de vente ; centre de vie, il a même acquis un rôle d'animation culturelle, faisant se produire groupes pop et chanteurs : une grande surface de Sevran n'a pas hésité, à l'occasion des fêtes de Noël, à installer dans ses locaux la ménagerie d'un cirque.

À Garonor, les camions venus de tous les coins de l'Europe sont dédouanés, leur cargaison fragmentée en unités plus petites et répartie dans toute la région parisienne. Ce point d'éclatement, destiné à éviter la pénétration des poids lourds dans la capitale, s'est considérablement développé. L'aéroport du Bourget, en revanche, est moribond. Il ne reçoit plus que quelques charters et avions postaux ; mais, ainsi, il a paradoxalement retrouvé un petit air rétro discrètement feutré, rappelant l'époque héroïque des pionniers de l'aviation.

L'aspect le plus original du commerce du département se trouve à Saint-Ouen et, accessoirement, à Montreuil. Les Puces, étalage hétéroclite où le négoce côtoie souvent la délinquance, drainent chaque week-end des centaines de milliers de Parisiens attirés tant par la bonne *occase* offerte sur le trottoir que par les antiquaires sophistiqués des marchés Cambo et Biron.

La rançon de ce gigantisme dans l'activité, de ce peuplement au grouillement récent ne manquera pas de paraître élevée. Les arts populaires sont absents, les produits du terroir réellement inexistants, les activités originales se comptent sur les doigts de la main : quelques carrières de gypse, des minoteries symbolisées par les bâtiments étonnamment kitch des Grands Moulins de Pantin. Ni faune ni flore originales n'ont survécu, et les enfants qui pêchaient les derniers têtards de la Morée ont bien souvent de la barbe au menton. Pourtant, un million et demi d'hommes vivent ici — et ils aiment souvent y vivre. S'ils n'ont ni les oliviers, ni les cigales, ni la houle du large, ils sont, avantage non négligeable, très proches de l'intense pulsation du grand cœur parisien. ∎

◁ *Les immenses silos des Grands Moulins de Pantin ont été construits au début du siècle en bordure du canal de l'Ourcq. Ils sont aujourd'hui associés à ceux de Corbeil ainsi qu'à la Malterie franco-belge et à la société Cérapro, qui collecte les blés.*
Phot. G. de Laubier.

le Val-de-Marne

Fête des roses, fête des lilas, fête des guinguettes, fête du petit vin blanc, qu'on boit sous les tonnelles... du côté de Nogent...

△ *Le bal du dimanche « chez Gégène », à Joinville-le-Pont, l'une des célèbres guinguettes des bords de Marne où se retrouvaient les impressionnistes Renoir, Pissarro, Guillaumin, entre autres.*
Phot. J.-F. Lefèvre.

D ÉPARTEMENT RÉCENT comme la Seine-Saint-Denis (ils ont été créés l'un et l'autre par la loi du 10 juillet 1964 réorganisant la région parisienne), le Val-de-Marne présente une unité encore moins affirmée que celle de son voisin du nord. Si la géographie physique en fait un ensemble plus cohérent, l'homogénéité sociologique y est beaucoup moins forte. Par ailleurs, alors que la vocation extra-parisienne de la Seine-Saint-Denis demeure modeste, le Val-de-Marne surprend par l'abondance des grands équipements d'envergure nationale (aéroport d'Orly, marché de Rungis, ville nouvelle de Créteil, triage de Villeneuve-Saint-Georges, ensemble hospitalier Henri-Mondor, pénitencier de Fresnes) qui s'y trouvent implantés.

Le Val-de-Marne se présente, en fait, comme une confluence de vallées. Celle de la Seine abrite, de Villeneuve-Saint-Georges à Paris, via Choisy-le-Roi, Ivry, Vitry, un important axe industriel. Par opposition, la vallée de la Marne déroule de Bry à Saint-Maurice, au hasard des méandres, une coulée de verdure sillonnée par les équipages d'aviron, dans un cadre à haute résonance culturelle. À la limite sud du département, le cours sinueux de l'Yerres, entre Périgny et Mandres-les-Roses, offre une nouvelle trouée déjà campagnarde.

Enfin, si la Bièvre a disparu sous les buses, elle laisse dans le paysage une échancrure sensible, au point qu'un aqueduc, visible du R.E.R., l'enjambe à Arcueil.

Entre ces vallées, des lambeaux de plateaux marquent l'arrivée vers la capitale des grandes régions naturelles bordant Paris. Entre Bièvre et Seine, le plateau de Villejuif domine de 80 mètres environ les dépressions environnantes. Il représente l'avancée vers le nord du Hurepoix, région de buttes dont la plus extrême n'est autre que la montagne Sainte-Geneviève, au cœur de la rive gauche. Son horizontalité très marquée a permis l'installation de l'aéroport d'Orly.

Agriculteurs, universitaires, ouvriers

L'interfluve Seine-Marne, par contre, est bas, parfois marécageux, criblé de ballastières entre Valenton et Créteil ; de là, on s'élève rapidement sur la plate-forme de Brie, vers Périgny au sud, Le Plessis-Trévise au nord-est. La grosse culture, encore puissante, y dispute le terrain aux 2 000 hectares de la forêt domaniale Notre-Dame. Le paysage humain épouse assez étroitement ce relief bosselé, propre à favoriser des implantations variées et souvent même contradictoires.

À l'extrême ouest, la ligne B du R.E.R. (la ligne de Sceaux) matérialise une zone riante de pavillons entourés de jardins, à l'Haÿ-les-Roses, Fresnes, Cachan, Arcueil, Gentilly. Une population de couches moyennes y a élu domicile et, parmi elle, de nombreux universitaires et étudiants que le métro place à un quart d'heure du Quartier latin. Par contraste, la vallée de la Seine déploie à Villeneuve-le-Roi, Thiais, Choisy-le-Roi, Vitry, Alfortville, Ivry, ses quartiers ouvriers et ses industries lourdes (la grande centrale thermique de Vitry est aisément repérable à partir du métro aérien). Banlieue rouge, symétrique de l'ensemble nord de la Seine-Saint-Denis, entre Saint-Ouen et La Courneuve.

Puis vient la ville nouvelle de Créteil, tentaculaire, ayant complètement phagocyté l'espace libre entre Seine et Marne. Sur la Marne s'ouvre ensuite une nouvelle zone verte, mélange de résidences aisées (Le Perreux, Saint-Maur-des-Fossés) et de centres populaires (Champigny), et lieu de violents contrastes électoraux, parfois poussés à l'extrême : pourquoi Nogent, la ville du petit vin qu'on boit sous les tonnelles, est-elle conservatrice, et Joinville-le-Pont, le pays des guinguettes (chez Gégène...) très marquée à gauche ?

La Brie, enfin, débute par de petites villes riantes comme Sucy-en-Brie ou La Queue-en-Brie, pour s'achever par de véritables villages, où la fonction agraire demeure dominante : Villecresnes, Mandres-les-Roses, Périgny, Marolles-en-Brie...

Unité physique donc, paysage plus riant de banlieue sud, mais violents contrastes sociologiques qui font du département l'un des points chauds de la vie politique française : présidé par un communiste, il n'en élit pas moins des leaders nationaux de l'opposition.

On ne s'étonnera pas de trouver ici des richesses architecturales bien supérieures à celles du département voisin. Les ensembles agricoles sont beaucoup mieux conservés ; la Brie garde son originalité. Le village de Périgny, sur l'Yerres, tente de préserver complètement son caractère campagnard. De grosses exploitations fortifiées, comme la ferme de Monsieur à Mandres-les-Roses — classée —, la ferme des Bordes,

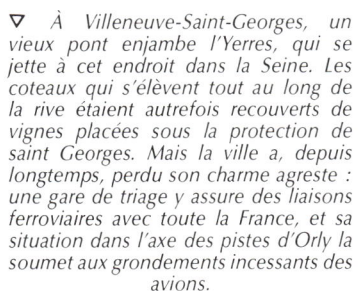

▽ *À Villeneuve-Saint-Georges, un vieux pont enjambe l'Yerres, qui se jette à cet endroit dans la Seine. Les coteaux qui s'élèvent tout au long de la rive étaient autrefois recouverts de vignes placées sous la protection de saint Georges. Mais la ville a, depuis longtemps, perdu son charme agreste : une gare de triage y assure des liaisons ferroviaires avec toute la France, et sa situation dans l'axe des pistes d'Orly la soumet aux grondements incessants des avions.*
Phot. Lecron-Atlas-Photo.

△ Rien n'est plus étonnant que découvrir un moulin lorsqu'en quittant le boulevard périphérique on s'engage dans Ivry. Il daterait de 1380, a été restauré ces dernières années et fonctionne deux fois par mois.
Phot. D. Lérault.

▷ Enseigne des anciens entrepôts des vins du Postillon à Ivry-sur-Seine. Jusque dans les années 1950, les voitures de cette firme étaient tirées par des chevaux sous la conduite d'un cocher en habit de postillon.
Phot. J.-F. Lefèvre.

VINS DU POSTILLON

▽ *Boissy-Saint-Léger est considérée par les spécialistes du monde entier comme la capitale de la culture des orchidées. Dans les serres immenses (5 000 m² en tout), équipées d'un matériel de pointe et au sein desquelles sont recréés les divers climats plus ou moins tropicaux nécessaires à leur croissance, les milliers d'orchidées poussent et fleurissent grâce aux soins constants de 25 personnes.*
Phot. J.-F. Lefèvre.

à Chennevières-sur-Marne, la ferme de Boissy-Saint-Léger, des maisons du XVIIe siècle, comme la Belle Image de Marolles, alternent avec des noyaux villageois groupés autour du lavoir, lieu de rencontre traditionnel (Thiais, Orly, La-Queue-en-Brie), du puits ou de la fontaine (Marolles, Santeny). On a conservé des colombiers (à Limeil-Brévannes, à l'Haÿ-les-Roses), des moulins (à Ivry et à Charenton).

Le XIXe siècle a vu, comme en Seine-Saint-Denis, le développement d'austères immeubles de rapport dans les villes très denses que sont Gentilly, Le Kremlin-Bicêtre, Ivry, tandis que croissait parallèlement une banlieue plus aisée à Saint-Maur et à Vincennes. Avant la Seconde Guerre mondiale, les lotissements (la Faisanderie, à Villeneuve-le-Roi) ont alterné avec les villas en meulière. Là aussi, des expériences ont été tentées, comme le groupe scolaire Karl-Marx de Villejuif, dû à Jean Lurçat, essai d'une architecture qualifiée de « fonctionnelle ».

Le déferlement des grands immeubles n'a atteint que la proche banlieue ; la vie reste difficile dans les cités d'Ivry et de Vitry, à la réputation parfois douteuse ; l'ultime génération de ces immeubles collectifs est représentée par la cité du Mont-Mesly, à Créteil, qui ne comprend pas moins de 6 000 logements. De grandes opérations de rénovation des centres-villes, à Choisy-le-Roi et à Ivry notamment, ont fait couler beaucoup d'encre. L'expérience ivryenne s'est traduite par une immense structure de béton cru, dont les habitants vantent unanimement l'aménagement intérieur, mais qui ne laisse pourtant pas d'interroger sur l'avenir même d'un tel matériau. Les urbanistes actuels utilisent bien plus heureusement le verre posé sur des structures d'aluminium.

La frange pionnière du sud-est, où l'habitat s'étoffe rapidement, en marche vers le domaine agricole de la Brie, au-delà de Boissy-Saint-Léger, Sucy, Ormesson-sur-Marne, prend un caractère beaucoup plus important qu'en Seine-Saint-Denis.

Enfin, le Val-de-Marne a vu l'installation — et l'expérimentation — d'une des plus importantes des villes nouvelles, Créteil. Si l'on n'a pas reculé devant l'audace architecturale, parfois heureuse (préfecture, palais de justice), si l'on a su utiliser les plans d'eau existants, si l'on a souvent évité l'entassement qui sévit à Évry, par exemple, et l'impression de « plaqué » qu'on éprouve parfois à la Défense, on ne peut cependant que formuler des réserves. Les villes nouvelles ont été conçues à une époque d'euphorie, dans la vision d'un Grand Paris qui aurait eu, en l'an 2000, 14 millions d'habitants. Depuis — et ce qu'il faut bien appeler les échecs de New York et de Tōkyō n'y sont sans doute pas étrangers —, une image de la ville plus sereine, plus économe aussi, a prévalu, et l'on peut encore se demander, bien que la tentative de Créteil ne soit pas, répétons-le, la moins réussie, si ces immenses constructions sauront toujours concilier gigantisme et humanité.

Les racines historiques sont ici plus fortes, mieux discernables. À côté de traces d'implantations agricoles néolithiques, deux bons sites gallo-romains ont été fouillés sur le plateau d'Orly-Villejuif et à Charenton-Saint-Maurice (mais *tous* les objets se trouvent actuellement dans des présentations extérieures au département). On prête à Clovis la fondation, au VIᵉ siècle, de l'abbaye de Saint-Maur, ruinée au XVIIIᵉ siècle. La marque seigneuriale, du Moyen Âge aux temps modernes, se traduit surtout par l'existence des chasses, qui sont à l'origine de certains espaces verts actuels. Le château

◁ La culture — ici cymbidium — des orchidées, d'origine tropicale, a été mise au point en Europe au XIXᵉ siècle. Ces fleurs, beaucoup moins fragiles qu'on ne pourrait le croire a priori, ont besoin de températures élevées et d'une grande clarté sans exposition directe aux rayons solaires.
Phot. J.-F. Lefèvre.

▽ Le Français est casanier... Un coin de jardin où se reposer et où cultiver quelques légumes et beaucoup de fleurs représente aux yeux des habitants des banlieues parisiennes, un luxe très enviable. Ici, dans le calme d'un des jardins particuliers d'Ivry.
Phot. D. Lérault.

le lilas

Blancs, roses, mauves ou violets, les lilas sont des arbustes d'ornement très fréquents dans les jardins de la région parisienne et particulièrement appréciés pour leur robustesse et leur beauté.

la Seine-Saint-Denis, le Val-de-Marne

▷ *Dès les beaux jours, et ce depuis un siècle, les Parisiens et habitants de la banlieue viennent canoter sur la Marne. Ici, à Saint-Maur-des-Fossés.*
Phot. Bouillot-Marco Polo.

des poissons...

Le goujon, l'ablette et le gardon sont trois poissons d'eau douce, que l'on pêche dans la Marne. Le premier est particulièrement apprécié pour la saveur de sa chair, alors que l'ablette n'est pas considérée comme comestible et que le gardon n'est que peu apprécié à cause de sa fadeur.

de Vincennes est justement né d'un rendez-vous de chasse du XIe siècle. Une partie de ses installations appartiennent à la Seine-Saint-Denis. Sa silhouette rigoureuse et pure évoque de grands destins historiques. On avait prêté au général de Gaulle l'intention de quitter l'Élysée pour s'y installer. Le château de Grosbois, devenu bien national à la Révolution, a été convoité par les principaux dirigeants du Directoire et de la période napoléonienne. Châteaux, encore, à Ormesson, L'Haÿ-les-Roses, Joinville, Noiseau, églises classées à Chennevières, Chevilly-Larue, Limeil..., qui, avec l'hospice de Bicêtre, l'hôtel de ville de Charenton (l'ancien pavillon d'Antoine de Navarre) et, au XIXe s., la résidence de la Roseraie, à L'Haÿ-les-Roses, attestent d'une richesse bien mieux établie que dans le département voisin. Roseraie symbolique d'un vaste « polygone floral » ouvert à l'est de Paris, où les floralies du bois de Vincennes répondent à la culture industrielle des orchidées de Boissy-Saint-Léger. Orchidées démocratisées, qu'on vend désormais dans le métro, sur les marchés, et qui égayent les anniversaires des foyers populaires. La fête des roses de Villecresnes, la fête des lilas de Vitry, la persistance, comme en Seine-Saint-Denis, des jardins ouvriers, attirent l'attention sur cet aspect peut-être inattendu d'une banlieue urbaine : la place disponible d'une part, l'excès de béton de l'autre ont sans doute rendu, qui possible, qui nécessaire, cet appel au rêve et à la fragilité.

Du côté de Nogent...

Avec les guinguettes de la Marne, nous ne sommes pas très loin des fleurs. Leur impact culturel, considérable à la fin du XIXe siècle, au temps des canotiers de Maupassant et des impressionnistes, n'a pas totalement disparu. La nostalgie demeure. Les grands bals se sont assoupis, victimes là aussi d'une dégradation du rapport social ; mais nombreux sont encore les petits restaurants secrètement assis au bord de l'eau entre Charenton et Le Perreux. Le dernier souvenir de cette période se matérialise avec quelque éclat dans la fête du petit vin blanc de Nogent (une des plus importantes fêtes de France, discrète rivale de la fête de *l'Humanité*), où l'on peut encore danser sur des airs de Vincent Scotto.

La vie associative s'ordonne souvent, comme en Seine-Saint-Denis, autour des maisons des jeunes et de la culture, imposantes à Ivry et à Créteil, dans un département où, de nouveau, le nombre des migrants est élevé : 1 habitant sur 6 est étranger, 200 000 personnes en tout, dont un tiers de Portugais et un quart de Maghrébins. Une vie sportive plus variée que dans la Seine-Saint-Denis s'attache aux boucles de la Marne et autorise quelques connotations avec un paysage de bord de l'eau, de bals champêtres et de pique-niques estivaux, près de la silhouette ésotérique du pavillon Baltard, vestige des anciennes halles, transplanté à Nogent. Les équipes d'aviron et de canoë-kayak sillonnent continuellement la rivière, où se déroule par ailleurs chaque année une compétition internationale de natation avec palmes. L'hippisme triomphe à Vincennes et au Tremblay. L'Institut national des sports a trouvé tout naturellement sa place à Joinville. Il faut enfin relever l'importance du handball : le club pionnier, Villemomble ; les trois premiers du championnat de France 1982, Gagny, Ivry et Saint-Maur, sont des équipes de la banlieue est. Il n'est pas jusqu'aux pêcheurs à la ligne qui ne reviennent nombreux sur un cours d'eau ayant connu, depuis une décennie, une réelle dépollution.

La recherche de l'espace vert est moins vitale qu'en Seine-Saint-Denis. Toutefois, les îles de la Marne sont entretenues avec vigilance. Le département dispose du bois de Vincennes, proche, et, surtout, des 2 000 hectares de la forêt domaniale Notre-Dame, le plus grand espace vert de l'est de Paris qui, malheureusement, intéresse beaucoup... les promoteurs.

△ *Les bords de Marne, à Joinville ou à Nogent, sont restés des lieux de calme où le temps semble ne pas avoir de prise. De nombreuses résidences principales s'y sont construites. Certaines ont la chance de se trouver à quelques mètres de la rivière, sans quais carrossables...*
Phot. Bernager-Explorer.

▷ *Paisibles heures de pêche, sur un petit embarcadère privé des bords de la Marne, devant le pavillon tranquille. Dans les eaux encore poissonneuses de la rivière, tanches et perches sont nombreuses. Goujons et brochets figurent parmi les prises rares.*
Phot. Bernager-Explorer.

la Seine-Saint-Denis, le Val-de-Marne

LE SCULPTEUR SUR BOIS D'ALFORTVILLE
Un habitué des châteaux royaux

▽ *Dans son atelier d'Alfortville, la gouge tenue d'une main sûre et légère, Vincenzo Fancelli parachève le fronton d'un trumeau où l'on retrouve, sur fond de résilles fleuries, mascaron, oves et guirlandes. Ce trumeau prendra place dans l'une des chambres du château de Versailles. C'est également pour le château que la belle-fille de M. Fancelli, penchée sur ses tréteaux, effectue un raccord de sculpture de porte.*

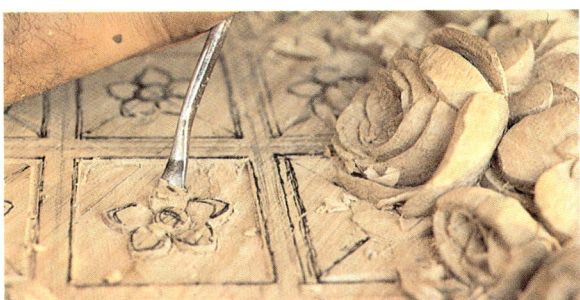

△ *À l'origine de l'œuvre, une pièce de bois chantournée sur laquelle l'artisan reporte au crayon le tracé du modèle à reproduire. Le premier travail de sculpture proprement dit consiste à creuser le fond de la pièce. Puis, attaqué patiemment à la gouge contre-coudée, le petit motif floral livre ses contours. Pour les résilles, l'artisan utilise une gouge demi-plate à spatule.*

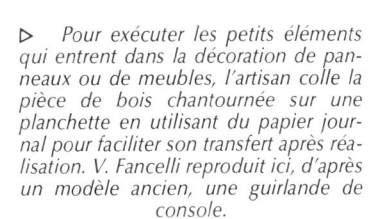

▷ *Pour exécuter les petits éléments qui entrent dans la décoration de panneaux ou de meubles, l'artisan colle la pièce de bois chantournée sur une planchette en utilisant du papier journal pour faciliter son transfert après réalisation. V. Fancelli reproduit ici, d'après un modèle ancien, une guirlande de console.*

Si tous les maçons ne nous viennent pas d'Italie, force est de constater que nombre de sculpteurs sur bois installés en France ont une origine italienne. Les Fancelli font partie de cette corporation transalpine venue chez nous avec sa richesse potentielle : des mains pour créer, des outils pour accomplir cette création.

Arrivé de Florence, la ville des arts, en 1947, Vincenzo, le père, s'établit en région parisienne, où il ouvre un atelier. Actuellement, c'est toute une dynastie de Fancelli qui travaille à la création et à la restauration de boiseries. Jean-Pierre, le fils, le dessinateur de la famille, dirige l'atelier avec Vincenzo. Sa femme manie également les outils de sculpteur. Et Thomas, le petit-fils, la troisième génération, assure la continuité.

S'ils fabriquent « du neuf » selon des méthodes qui demeurent traditionnelles, les Fancelli se sont surtout spécialisés dans la restauration des boiseries anciennes. La solide réputation qu'ils se sont bâtie en ce domaine a pris naissance avec les remarquables travaux accomplis à Paris en l'ancien hôtel des Ambassadeurs de Hollande, dans le quartier du Marais. D'autres réalisations vinrent s'ajouter à cette grande première. Leur liste serait digne de figurer dans une nomenclature des monuments célèbres : Fontainebleau, Chambord, Anet, Rambouillet. Et enfin, la plus prestigieuse, Versailles.

La restauration du château de Versailles représente une œuvre si immense, si complexe qu'elle réclame, en plus du personnel permanent des ateliers, un apport extérieur de main-d'œuvre qualifiée. Les Fancelli s'ins-

▽ *Une pièce restaurée se présente souvent comme un puzzle, véritable patchwork d'éléments anciens que l'on conserve au maximum et de bois neufs remplaçant les parties vermoulues. Sur ce haut de porte déposé et en cours de restauration, on reconnaît aisément les parties reconstituées à leur couleur de bois naturel.*

crivent dans ce noyau d'artisans auxquels Versailles doit de retrouver peu à peu sa grâce et son raffinement primitifs.

En raison de l'utilisation de méthodes inchangées depuis des siècles, par sa recherche de la perfection, l'artisanat d'art échappe au temps. Les Fancelli ont mis treize ans pour en terminer avec la seule restauration de la chambre de la Reine. Un travail de bénédictin, qui consistait surtout à reconstituer ce qui n'existait plus. Il fallut procéder à de patients travaux de recherche et explorer minutieusement archives et documents.

Sur la foi d'un tableau représentant Marie-Antoinette dans sa chambre, les sculpteurs parvinrent à restituer le lit et sa balustrade tels qu'ils se présentaient au XVIIIe siècle. Pour les aider dans leur quête, ils ne disposaient que de simples mémoires descriptifs établis par des artisans de l'époque. S'appuyant sur cette maigre documentation, ils durent recréer ce qui avait été détruit et, opérant mentalement une remontée dans le temps, imaginer les motifs décoratifs disparus. Dessins, maquettes et essais se succédèrent avant d'entamer la réalisation proprement dite.

Après la chambre de la Reine, ce fut le cabinet de la Dauphine, aux boiseries gravement endommagées. Là aussi, il fallut reconstituer des trumeaux et des panneaux. Avec un infini respect, les Fancelli restaurèrent également la boiserie du petit orgue, dans l'appartement de la Dauphine.

Conjointement à leurs travaux versaillais, Vincenzo et sa pépinière familiale s'attachent à la restauration de Rambouillet. À l'entresol du château, ils dispensent leurs soins aux Appartements d'assemblée, décorés au début du XVIIIe siècle sur l'initiative du comte de Toulouse, l'un des fils de Louis XIV et de la Montespan. Ces appartements comprennent le boudoir dit de Marie-Antoinette, dont les délicates boiseries ont grandement souffert des atteintes du temps. Après être passées par les mains créatrices des Fancelli, elles retrouveront dans les moindres détails leur élégance d'antan.

△▽ *Voici quelques-unes des 700 gouges de l'atelier Fancelli qui ont servi à façonner les trumeaux du château de Versailles. Un sculpteur sur bois utilise habituellement de 150 à 200 gouges, les principales étant les coudées, les contre-coudées, les fermoirs, les burins et les creuses.*

△ *Après l'intervention des Fancelli, ce trumeau élégant et raffiné a repris sa place au château de Rambouillet, dans le boudoir de Marie-Sophie de Noailles, comtesse de Toulouse, parmi les célèbres boiseries rocaille où les cupidons joufflus alternent avec le chiffre de la comtesse.*

Photos D. Lérault-S.R.D.

la Seine-Saint-Denis, le Val-de-Marne 17

... Et des grosses fermes de Brie

L'agriculture est ici bien plus qu'une relique. 300 exploitations environ se partagent 2 800 hectares, le neuvième de l'espace total ; la grande culture (céréales, betteraves sucrières) domine même dans la Brie. On compte encore une vingtaine d'éleveurs de gros bétail. Les cultures maraîchères ont beaucoup reculé, mais 70 survivants environ vendent leur production à Rungis. On s'est spécialisé : le soja à Champigny, les champignons à Vitry. Les ménagères savent-elles qu'une de nos pommes de terre les plus savoureuses, la Belle de Fontenay, a été « inventée » dans la commune dont elle porte le nom, par un horticulteur de Vincennes ? La culture des fleurs continue à progresser. Elle représente 85 p. 100 du revenu agricole du département. Sur le million d'orchidées produites chaque année à Boissy, la moitié est exportée ; 30 millions de roses sont produites sous serre dans la vallée de l'Yerres (à Mandres, Villecresnes, Santeny et Périgny) ; on force les lilas à Vitry. Le Val-de-Marne est le troisième département floral français, derrière les Alpes-Maritimes et la Seine-et-Marne ! Dans le même ordre d'idées (agriculture spéculative sur des sols exigus), notons les pépiniéristes (Vitry, Thiais, L'Haÿ-les-Roses), les vergers de La Queue-en-Brie, et même, une école d'apiculture à Charenton-le-Pont, dont les ruchers... essaiment dans les jardins voisins.

La grande industrie — et parfois, même, l'industrie lourde — est présente en plein centre de la région, le long de la vallée de la Seine. Ces usines, venues parfois de Paris à la fin du XIXᵉ siècle, connaissent actuellement la même décentralisation qu'en Seine-Saint-Denis. On dénombre pêle-mêle la centrale E.D.F. de Vitry, la

▽ *À Mandres-les-Roses, près de Villecresnes, une ferme dite « ferme de Monsieur », pour avoir appartenu au frère de Louis XVI, est dotée de belles lucarnes « à la capucine » comme celle-ci. Détruite à la Révolution, elle a été reconstruite au XIXᵉ siècle et récemment acquise par la municipalité.*
Phot. J.-F. Lefèvre.

▽ *La très sociable hirondelle des fenêtres construit son nid sous les corniches et les balcons, et aux angles des fenêtres. Très fréquents autrefois, ces oiseaux reviennent maintenant en moins grand nombre chaque année.*
Phot. A. Guerrier.

▷ *Ce maréchal-ferrant travaille pour le centre d'entraînement des trotteurs de Grosbois, qui accueille en saison jusqu'à 1 200 chevaux.*
Phot. J.-F. Lefèvre.

▷▷ *Boissy-Saint-Léger est déjà un peu la campagne. Dans la ferme du Piple, construite en 1602 et dépendant du château, on élève une vingtaine de vaches et des poules, ce qui permet aux habitants de la région de s'approvisionner en lait et en œufs frais.*
Phot. J.-F. Lefèvre.

la Seine-Saint-Denis, le Val-de-Marne

Un peu de toponymie
Seine-Saint-Denis
Bobigny : du nom d'un homme latin, Balbinius.
Bondy : du nom d'un homme gallo-romain, Bondius ou Bonitius.
Noisy (-le-Grand, -le-Sec) : du latin *nux,* suivi du suffixe *eta,* « lieu planté de noyers ».
Le Raincy : du nom d'un homme gallo-romain, Remicius.
Stains : du nom d'un homme germanique, Sittin.
Val-de-Marne
Bonneuil : du nom d'un homme gaulois, suivi du gaulois *ialo,* « clairière ».
Cachan : du gaulois *cantos,* signifiant « brillant » ou « hauteur ».
Charenton-le-Pont : du nom d'un homme gaulois, Caranto.
Maisons-Alfort : « Alfort » vient du nom d'un homme germanique, Hari, et du germanique *furt,* « gué ». Au XVIe siècle, le château du lieu s'appelait Herefort, puis Hallefort.
Orly : du nom d'un homme latin, Aurelius.
Vincennes : peut-être du nom d'un homme gaulois, Vilicus, suivi du suffixe gaulois *enna.*
D'après le *Dictionnaire étymologique des noms de lieux en France* d'Albert Dauzat et Charles Rostaing. (Librairie Guénégaud.)

▷ *Les halles de Rungis, « marché d'intérêt national », ont été ouvertes les 3 et 4 mars 1969, le secteur boucherie ne s'y étant installé que le 15 janvier 1973. Les fruits et légumes occupent 272 000 m² d'installations. Pour les fruits, les plus forts tonnages sont réalisés en pommes, oranges, bananes et pêches ; pour les légumes, en tomates, pommes de terre et carottes. Un carreau spécial de 500 places est réservé aux producteurs de l'Île-de-France.*
Phot. J. Verroust.

centrale gazière d'Alfortville, qui alimente la moitié de la région parisienne, l'usine de traitement des eaux de Choisy (la plus grande d'Europe), l'usine de traitement des ordures ménagères d'Ivry (la plus grande du monde), Rhône-Poulenc, Schneider, Renault...

Le reste du département connaît des industries plus dispersées et, en règle générale, plus petites (si l'on excepte Kodak à Vincennes). Un artisanat s'est parfois maintenu : les luthiers de Nogent et de Joinville ; les maréchaux-ferrants de Joinville et de Sucy, dont l'activité est, bien entendu, liée aux courses de chevaux.

Les activités du secteur tertiaire sont bien plus développées qu'en Seine-Saint-Denis. L'aéroport d'Orly, avant d'être relayé par Roissy, a été longtemps un élément de l'imaginaire collectif des Français. De ses terrasses, on venait voir décoller la Caravelle... La gare de Villeneuve-Saint-Georges, le plus gros triage de France, a plus modérément joué un rôle similaire. Les grands centres commerciaux, de Belle-Épine à Créteil, voisinent avec les entrepôts Nicolas de Charenton.

La fonction culturelle et universitaire est, là aussi, très large. Le Val-de-Marne abrite l'Université de Paris XII. L'U.E.R. de sciences humaines de Créteil, l'U.E.R. de droit de Saint-Maur, le C.H.U. Henri-Mondor de Créteil, le C.H.U. de Bicêtre ont pris place parmi les grands noms de l'enseignement supérieur français. Il conviendrait de leur ajouter l'Institut du cancer de Villejuif, l'E.N.S.E.T. de Cachan, l'École vétérinaire de Maisons-Alfort, l'Institut national de l'audiovisuel de Bry-sur-Marne, les studios de Joinville, et de nombreux centres de recherche fondamentale.

Le marché d'intérêt national de Rungis apparaît comme un symbole exemplaire de l'expansion de la banlieue. Un peu hypertrophié, mais très fonctionnel, et, aux dires des spécialistes, plus efficace que les anciennes halles de Paris, il n'a pas retrouvé leur animation nocturne, leur vitalité irremplaçable. Si l'on excepte les douteuses évolutions des motards, Rungis ne regroupe nuitamment que des professionnels du commerce, peu mêlés à la population locale. Les anciens amoureux des halles, les Parisiens âgés aujourd'hui de plus de trente ans, ont perdu dans cette affaire un peu de leur âme. Ils n'ont jamais accepté de partir le soir vers un Rungis lointain, mal desservi, au béton gris. Il leur reste certes Beaubourg et ses nuits chaudes... mais le temps des amourettes sur un air d'accordéon s'est enfui et le poète Bernard Dimey est mort.

Qu'un département somme toute plus riche (mais la richesse de la Seine-Saint-Denis est ailleurs, dans un terreau populaire dense et ancien) ait davantage attiré au fil des siècles les élites, ceux qui font l'histoire, ou simplement ceux qui savent se montrer, cela ne peut surprendre.

En Seine-Saint-Denis, les personnages célèbres ne sont souvent que des Parisiens ayant occasionnellement résidé sur place. Il faut fouiller pour trouver un Paul de Koch, enfant des Lilas, ou un Eugène Pottier, l'auteur des couplets de *l'Internationale,* finissant symboliquement sa vie comme allumeur de réverbères à Saint-Denis. Parfois un peintre (Corot...) a cherché sur place l'occasion d'un tableau. Mais, si Méliès a installé à Montreuil le premier studio de cinéma du monde, c'est parce qu'il y avait trouvé bâtiment et terrain à bon marché ; et, si Paul Eluard était dionysien, il n'a guère marqué la vie de sa ville, sauf par le souvenir... Les rois de France ne sont venus à Saint-Denis que morts. ■

le Val-d'Oise

**Dans les champs, de grosses fermes aux bâtiments regroupés sous l'œil vigilant du fermier...
En lisière, d'anciennes places fortes voisinent avec les villes nouvelles.**

Dès son entrée dans le Val-d'Oise, le fleuve est accueilli par la forêt, ce vêtement de la terre, vaste dans le département. En effet, les forêts ont subsisté là où la terre était de médiocre qualité et impropre aux cultures. Et, surtout, là où les seigneurs entendaient conserver des réserves de chasse, plus tard protégées par le roi. Un équilibre devait être assuré entre la futaie, productrice de bois d'œuvre aux utilisations multiples, et le taillis, fournisseur de combustible. Le régime mixte du taillis-sous-futaie, paysage si courant dans le département, est né de cette nécessité. Aux abords des agglomérations, les forêts sont destinées au délassement des citadins. Il en va ainsi des forêts de Carnelle et de L'Isle-Adam en pays de France, l'une des trois régions qui constituent le Val-d'Oise au nord de sa rive gauche. Sur sa rive droite s'étend le Vexin, jusqu'à l'Epte, frontière naturelle qui le sépare du Vexin normand situé dans l'Eure. L'Oise descend en Parisis, troisième composante, au sud du département, et région la plus proche de la ceinture de Paris.

Les déviations rectilignes imposées au fleuve par la navigation fluviale ont permis à L'Isle-Adam, Butry-sur-Oise, Pontoise et Cergy-Pontoise d'être dotées de plages, de piscines et de centres de yachting.

△ *La vie à La Frette-sur-Seine s'écoule paisiblement. Les habitants de cette petite ville travaillent en majorité à Paris, partant tôt le matin et ne revenant que le soir...*
Phot. Gabanou-Diaf.

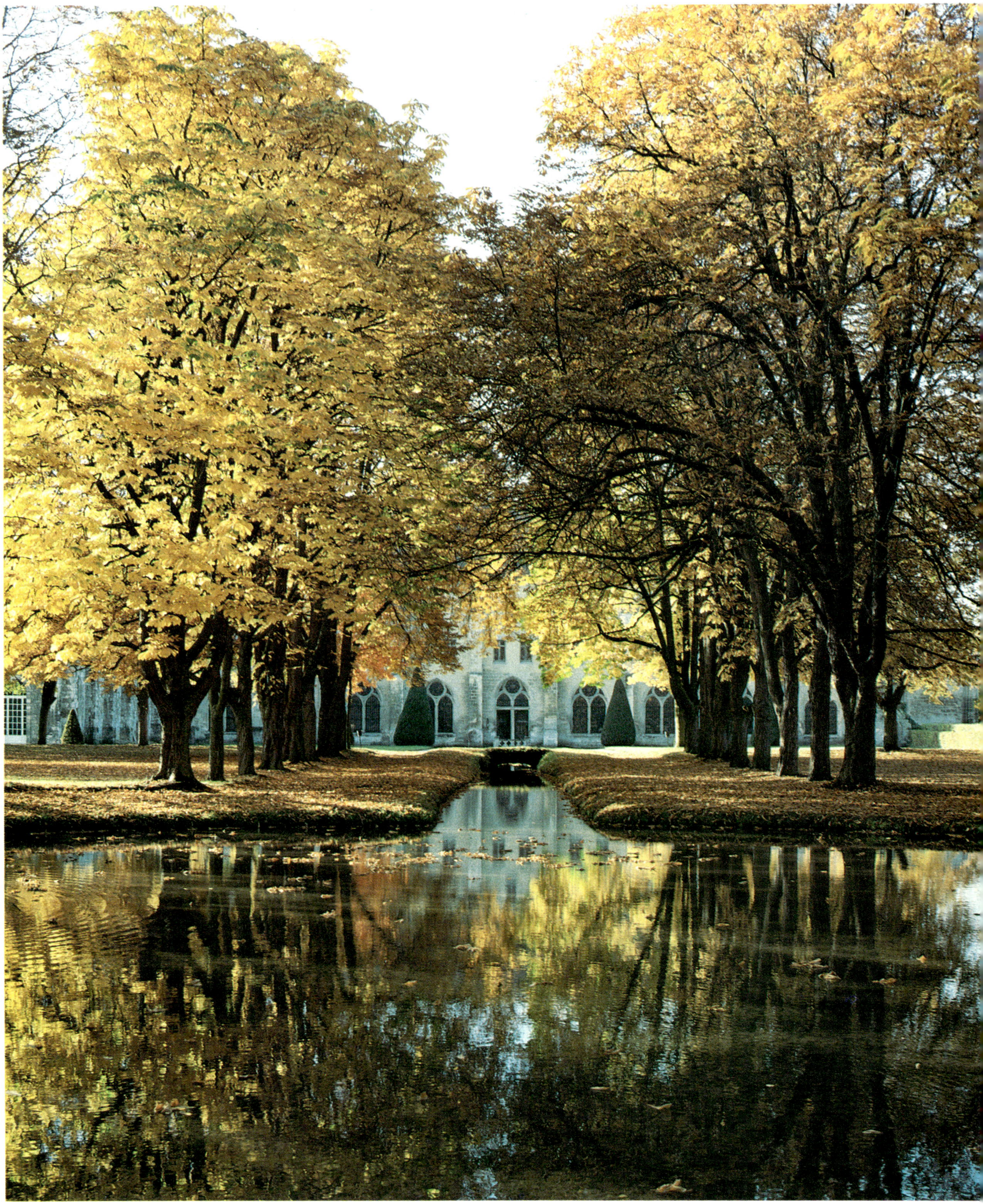

La lumière du pays de France

De nombreux artistes ont été attirés par la beauté et la diversité des sites, par le degré d'ensoleillement de cette région et par l'influence que peut avoir sur le climat la relative proximité de la mer. Cette circonstance explique la qualité de la lumière, tellement appréciée par les peintres, sur les bords d'une rivière où s'élèvent au petit matin des brumes légères... Jean-Baptiste Corot séjourna à Pontoise, ainsi que Pissarro, Cézanne et Van Gogh, qui immortalisa l'église d'Auvers-sur-Oise.

▽ *C'est à l'époque des amours que l'on peut entendre le chant agréable du verdier. Car cet oiseau niche et séjourne de préférence près des habitations, dans des régions fertiles où champs et jardins alternent avec les arbres.*
Phot. G. Blondeau.

Pièce maîtresse de l'hydrographie du département, l'Oise est la seule voie d'eau existant entre la rive gauche de la Saône, le nord de la France, la Belgique (où elle prend sa source), et les Pays-Bas, par l'intermédiaire du canal de Saint-Quentin et de la Somme. Elle est, en outre, par l'Aisne, en communication avec les canaux de l'Est et, enfin, par la Seine, avec le port de Rouen. Ainsi l'Oise est-elle devenue une route fluide — si l'on peut dire — sur laquelle peuvent naviguer des convois de plusieurs milliers de tonnes. Son trafic en fait d'ailleurs la troisième voie navigable de France, après le Rhin et la Seine. Le rythme de ces trains de péniches paraît tout à fait accordé à celui du fleuve, que les mariniers, impassibles, ne quittent pas des yeux. Ils s'arrêtent au port de Pontoise, ou, en fin d'Oise, à Conflans-Sainte-Honorine (Yvelines), capitale de la batellerie française. Devenue une sorte d'autoroute fluviale, l'Oise a attiré sur sa rive gauche, face à Pontoise, les principales activités industrielles de la région. De très grosses usines se sont installées là, entre Persan-Beaumont et Pontoise. Les industries chimiques et parachimiques, qui ont besoin de voies navigables et... de grandes quantités d'eau, se sont implantées le long du fleuve. Caoutchouc à Persan, matières colorantes à Villers (Oise). Les industries métallurgiques ont profité d'une situation favorable entre la sidérurgie du Nord et les industries parisiennes de mécanique et de construction métallique. Des industries de métallurgie, tréfilerie, fonderie et mécanique jalonnent la zone desservie par l'Oise. Quoi qu'il en soit, le progrès technique actuel fait intervenir dans la géographie industrielle un facteur nouveau : une plus grande plasticité géographique des industries de transformation, grâce à l'évolution des transports, à la distribution de l'énergie et à la naissance et au développement d'industries qui utilisent des techniques sans cesse plus élaborées. Cela favorise la décentralisation autour de l'agglomération parisienne et la revitalisation de son espace périphérique. Dans d'immenses bâtiments se retrouvent les grands noms de l'économie et une très importante centrale thermique.

◁ *Fondée par Saint Louis en 1228, l'abbaye de Royaumont donne aux visiteurs l'idée de l'importance de la vie monastique à l'époque médiévale. Depuis 1937, ces bâtiments répondent à une nouvelle vocation : la famille Gouïn, qui les avait alors rachetés, y fonda le Cercle culturel. Celui-ci accueillit des artistes et des intellectuels jusqu'en 1964, date à laquelle il fut transformé en Fondation de Royaumont pour le progrès des sciences et de l'homme. De nombreuses manifestations intellectuelles et artistiques y ont lieu, en particulier de prestigieux concerts.*
Phot. Pix.

le faucon crécerelle
Le faucon crécerelle sédentaire ou de passage est un rapace très familier. C'est un oiseau très actif, qui s'affaire depuis l'aube jusqu'à la nuit tombée surveillant et explorant inlassablement son territoire.

le charme
À l'automne, le feuillage du charme prend une belle teinte jaune, qui devient brunâtre en hiver. Son bois dur et résistant était autrefois employé pour la fabrication des roues dentées ; on l'utilise toujours pour les manches d'outils.

△ *L'ail-aux-ours pousse le long des chemins bordés de haies et dans les bois humides. Cette plante à fleurs blanches dégage une forte odeur qui repousse les herbivores. Dans la cuisine, elle peut être employée comme succédané de l'ail.*
Phot. G. Blondeau.

le Val-d'Oise 3

Quelle surprise, en abordant le département, de se trouver devant une mégalopole !

Le Parisis semble avoir été, de tout temps, un précurseur, et on lui doit de reconnaître son droit à l'ancienneté. La côte d'Argenteuil a créé les conditions d'une occupation humaine qui remonte à la préhistoire. Sous le règne de Charlemagne, la vigne faisait vivre 1 500 villageois, et la fabrication de pressoirs et de tonneaux au stade artisanal remonte à la même époque.

Dans le même temps, ce pays servit à la fois de bouclier et de tampon. Les armées en bataille, en déroute ou en fronde y reprenaient leur souffle en regardant Paris, peut-être depuis les collines de la forêt de Montmorency aux beaux arbres centenaires. Il fut également le grenier de Paris ; la farine et le pain de Gonesse furent, un temps, les plus appréciés du monde civilisé.

Peu à peu, l'agriculture s'est adaptée aux exigences, et son maintien assure la protection de toute la campagne du Val-d'Oise. Aux abords immédiats des zones d'urbanisation, la polyculture s'associe à l'élevage. Quelques rares fermes sont restées au centre de grands ensembles : elles vendent leur lait au litre aux gens du voisinage, comme autrefois. Des fruits, qui proviennent

▷ *Le moulin dit « de Sannois » est en parfait état et, les jours de visite, on peut voir fonctionner les meules.*
Phot. G. Blondeau.

▷ *Le moulin de Sannois a fonctionné pendant plus de deux siècles, de 1625 à 1870. Le corps du bâtiment est entièrement en chêne et la toiture recouverte de lattes de châtaignier. Il appartient au type de « moulin à pivot », c'est-à-dire qu'il peut entièrement tourner autour d'un axe afin de présenter ses ailes au vent, la queue servant à le pousser tout en soutenant le premier étage.*
Phot. G. Blondeau.

▽ *Il existait autrefois à Sannois quatre moulins. Celui de la Galette, qui date de 1870, a été entièrement refait en 1920. Ses ailes retoilées ont recommencé à tourner... Mais il a trouvé une nouvelle destination. Il abrite maintenant une discothèque et sert de cadre à un restaurant voisin.*
Phot. D. Lérault.

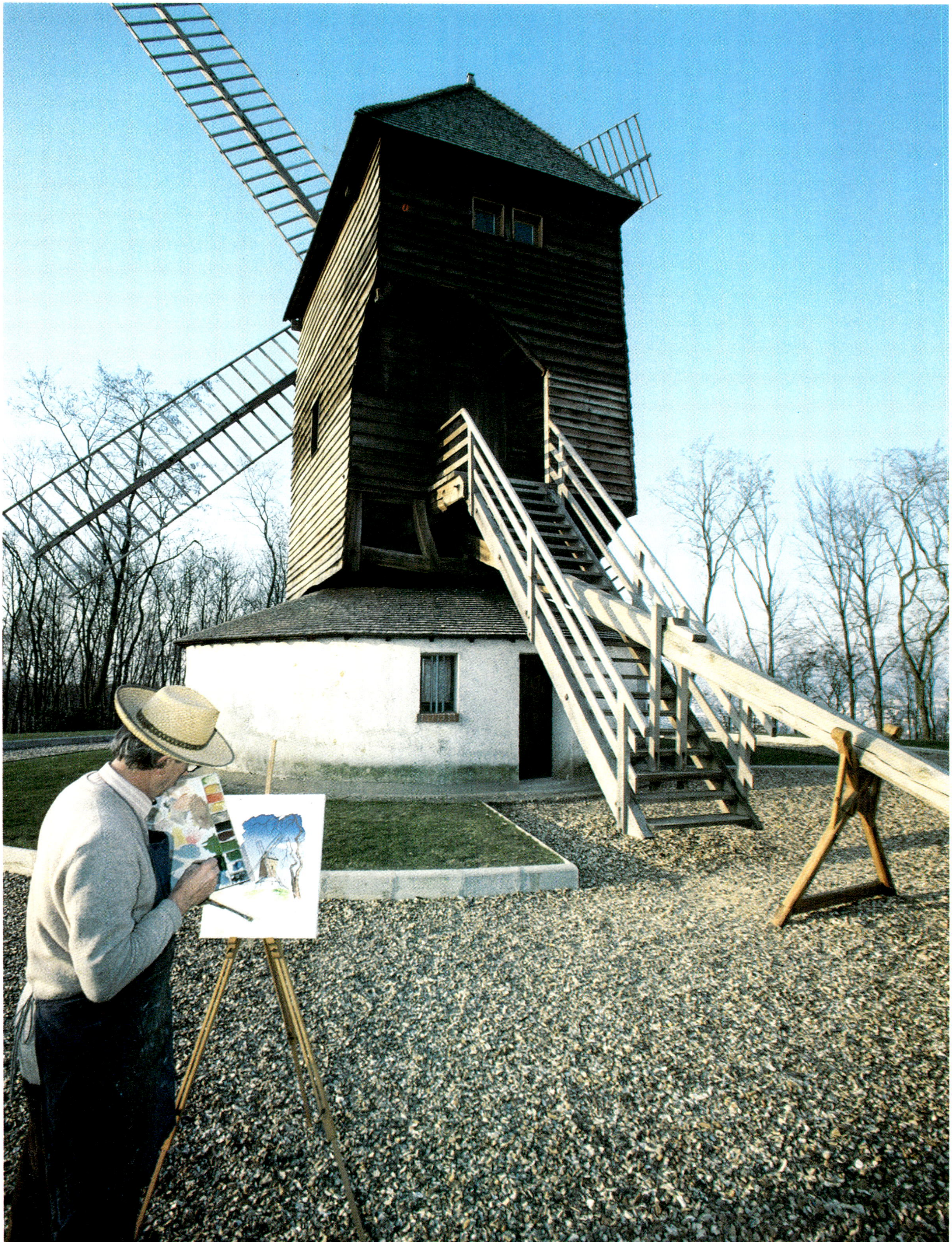

des cultures en plein champ dont on aperçoit, en passant, les rangs d'espaliers, sont vendus par les exploitants à la sortie des villages. On y trouve, selon la saison, des poires superbes, pommes, abricots, pêches et autres fruits.

L'urbanisation de la grande banlieue a amené les agriculteurs du Parisis à cultiver des betteraves, plus encore que du blé. Les betteraves sont traitées en sucreries pour la plus grande partie, le reste est distillé pour la fourniture d'alcool, la brasserie et l'alimentation du bétail. On produit également de l'orge, dont les frêles pousses recouvrent les champs d'un vert tendre dès le début du printemps.

L'horticulture de plein champ couvre plus de 180 hectares dans cette région. Plus près de l'Oise, il existe des champignonnières, dont la moitié de la production est acheminée vers les halles centrales, l'autre moitié étant mise en boîte dans la conserverie locale ou vendue sur les marchés de la région.

Pontoise, ancienne ville fortifiée, actuel chef-lieu du département, s'accroche au flanc d'une longue côte assez abrupte qui domine le fleuve et le Parisis. Ses maisons, détruites en grande partie au cours de la Seconde Guerre mondiale, ont été reconstruites dans un style traditionnel, rendant à l'ensemble son charme rassurant, charme que l'on ressent plus particulièrement les jours de marché, en fin de semaine, sur les places du Grand- et du Petit-Martroy, dominées par le clocher de la cathédrale Saint-Maclou. L'étal des bouchers, ceux des maraîchers, des poissonniers venus de la côte normande avec des poissons brillants de fraîcheur, et aussi toutes les fleurs cueillies du matin rappellent les scènes des peintures médiévales.

La Place-aux-Moineaux, récemment construite dans un style moderne, ne choque pas. On y accède par un porche plafonné de grosses poutres en bois et l'on peut descendre d'un niveau à l'autre sous une voûte en pierre, probablement le vestige d'une ancienne cave. La place est piétonnière, bordée de petits immeubles peu élevés et peints de couleurs douces. C'est le terrain de jeux d'élection des enfants... et des oiseaux.

L'actuelle Pontoise est le lien qui relie le passé au présent; celui-ci a pour nom Cergy-Pontoise.

Pourquoi une ville nouvelle?

L'expansion industrielle de la banlieue nord-ouest de Paris, un peu anarchique, a pris une dimension inquiétante à partir de 1960, en étouffant le charme des petites villes et en se substituant aux terres cultivables. Pour arrêter cette détérioration des conditions de vie, il a été décidé de canaliser des ensembles urbains dans un très vaste espace de qualité, au-delà des limites de la proche banlieue parisienne. Le site de Cergy répondait à ces exigences. Aménagée en amphithéâtre autour d'une double boucle de l'Oise, dans un site exceptionnel, la ville nouvelle se situe à côté d'un vieux bourg rural, ancien centre de cultures maraîchères et fruitières. Les urbanistes ont tenu compte des villages en y raccordant les nouveaux quartiers. Il en fut de même pour les bourgades pittoresques, à flanc de coteau, en aval de Pontoise. Les bois existants ont été conservés et, parfois, replantés. Sur la grande rue s'ouvrent des fermes installées le long de l'Oise... Et puis, des immeubles ont été dressés, là, selon l'ordre de nouveaux quartiers,

▽ *Le département du Val-d'Oise est un gros producteur de céréales. Cependant, sur une superficie de 357 ha, on y cultive aussi des haricots verts.*
Phot. Baciocchi-Pix.

pour tâcher d'assurer à leurs habitants une vie matérielle et intellectuelle satisfaisante. Voici campée Cergy-Pontoise, avec ses centres culturels, ses écoles et ses bâtiments administratifs (la préfecture du Val-d'Oise a quitté, faute d'espace, Pontoise pour Cergy). L'immeuble est curieusement conçu comme un prisme triangulaire retourné, placé dans un espace très dégagé. Du parc de la préfecture, la vue est belle sur les bâtiments du centre-ville, au-delà desquels on aperçoit la silhouette du vieux village de Cergy, avec sa petite église traditionnelle, sur fond de coteaux de l'Hautil.

Les espaces publics, les cheminements piétons, les places assurent le squelette et l'unité de la ville, malgré des architectures contrastées et dominées par les immeubles de bureaux privés ou semi-publics. Cergy est un lieu de promenade très fréquenté, avec sa piscine-patinoire, le bois de Cergy et, bien sûr, les bords de l'Oise. La gare est aménagée sous une place

◁ *La culture du cresson occupe 2 ha du département du Val-d'Oise. Ici, un cultivateur installé à Moussy, commune d'une centaine d'habitants près de Magny-en-Vexin.*
Phot. G. de Laubier.

△ *À Méry-sur-Oise, les galeries creusées dans les roches calcaires abritent des champignonnières dont la température oscille entre 12 et 15 ºC... La culture des champignons dits « de Paris » exige que l'on utilise du fumier de cheval conservé, dans une première phase, pendant huit jours, dans une chambre à pasteuriser — ce qui permet le développement de la flore microbienne ; ce compost est ensuite mis dans des sacs et ensemencé, avant d'être répandu sur une couche de terre.*
Phot. G. Blondeau.

Dans la petite église de campagne de Chérence, on célèbre des offices depuis l'époque carolingienne, date de son origine. Elle a, depuis, subi bien des modifications, les dernières ayant été effectuées au XVIe siècle.
Phot. G. de Laubier.

plantée de platanes d'où on accède à un très important centre commercial. Un monde futuriste sur une terre bien ancienne !

Des forêts, de grandes cultures et de hauts immeubles

Le pays de France, bordé à l'ouest par le fleuve et au sud par le Parisis, s'étend jusqu'à la limite nord-est du département. C'est une vaste plaine fertile, dominée de plateaux et coupée de vallées en corniches. Les cultures de terres riches s'étendent jusqu'à l'extrême lisière des terres pauvres et des pentes trop abruptes. À son exceptionnelle opulence, ce pays doit le rôle historique qu'il a joué en devenant le noyau, le cœur de la province d'Île-de-France.

Au cours des dernières décennies, le sud-est de ce pays a subi les conséquences de l'explosion démographique de Paris, et des villages comme Sarcelles et Gonesse, envahis par les grands ensembles, se sont mis à grandir démesurément. La vaste plaine qui occupe l'est de la région, encore très proche de Paris, a provoqué la mise en place de l'un des plus grands aéroports du monde, Roissy-en-France, avec ses aires gigantesques, ses implantations commerciales et techniques, ses déviations routières et ses inévitables bretelles. Mais le territoire agricole, qui s'étend désormais sur 15 000 hectares, a été restructuré et mis en valeur par des exploitants compétents, expérimentés et tenaces. Les grandes terres de culture de céréales (le blé, l'orge ou le maïs) sont exploitées pour un rendement intensif. Pas un pouce de terre n'est négligé. La culture de la betterave s'est développée et a permis l'ouverture de sucreries et de distilleries. On élève des bœufs et des vaches qui, comme les porcs, semblent réservés aux besoins familiaux.

À la fin du printemps, ces immenses étendues plantées de céréales, piquées de boqueteaux ou bordant un ruisseau sont belles. Les villages sont dissimulés dans la courbe d'une route ou au bas d'une légère pente ; la ferme, située à l'entrée du village, est la construction la plus importante. Si, dans les petites agglomérations, les églises sont souvent vétustes, les gens, eux, sont accueillants.

La forêt de Carnelle, placée à l'ouest, est le plus sauvage des trois massifs valdoisiens ; elle renferme deux petits lacs de couleur turquoise, où l'on peut pêcher. Elle s'étend sur les hauteurs de Beaumont en trois plateaux étagés et forme un massif séparé de la forêt de L'Isle-Adam par la vallée de la Presles. L'Isle-Adam, forêt domaniale, se développe en éventail autour de la ville. Elle est plantée de beaux chênes dont l'un, dit « le gros chêne », fait 10 m de circonférence. C'est une jolie forêt sillonnée de routes et d'allées tracées par Le Nôtre, mais sans reliefs particuliers. Au printemps, les sous-bois sont abondamment fleuris de jacinthes et de muguet.

Des clochers romans dans l'infini des champs de blé

Vaste plateau aux horizons immenses, le Vexin, dit « français », est entaillé de fraîches vallées où coulent de petites rivières bordées de peupliers. Çà et là s'élèvent des buttes, souvent couvertes de bois. Entre ces collines, le plateau couvert de limons fertiles est depuis toujours voué à la grande culture et à l'élevage. La grande propriété domine : 100, 150 hectares et plus. La concentration des terres due au remembrement s'est accélérée, et l'agriculteur répartit ses domaines en vastes unités de cultures intensives, motorisées et fertilisées. C'est ainsi que s'est dessiné un paysage de champs immenses, totalement ouverts et sans aucune clôture, en dehors des forêts et des abords de villages et où les arbres se font rares.

Les grosses fermes donnent le ton aux plus petites, que les exploitants, malgré leurs efforts, ne parviennent pas toujours à maintenir en vie. Bon nombre d'entre elles ont disparu, en effet, comme en témoigne le paysage. Au-delà des labours, on aperçoit de vastes bâtiments aux allures de forteresses, surplombées parfois par les hauts silos à grain des coopératives.

▽ *Cet écusson fleurdelisé est sculpté sur une maison moyenâgeuse — ancienne hôtellerie — de la rue de l'Hôtel-de-Ville, autrefois rue d'En-Bas, de Magny-en-Vexin.*
Phot. G. de Laubier.

◁ *L'église d'Auvers-sur-Oise a été immortalisée par le peintre Van Gogh, enterré au cimetière du lieu. Construite au XIIe siècle à flanc de coteau, elle a été agrandie au siècle suivant.*
Phot. Marthelot-Scope.

le buffet-vaisselier
Le buffet-vaisselier était assez rare en Île-de-France. Aussi, afin de montrer la belle vaisselle aux invités, laissait-on les portes du corps supérieur largement ouvertes.

▽ *Les belles halles de La Roche-Guyon témoignent de l'importance qu'eut autrefois ce bourg. Bâti au XIᵉ siècle au pied du château féodal, il fut érigé en duché-pairie au XVIIᵉ siècle, et François de La Rochefoucauld, l'auteur des* Maximes, *en devint le seigneur en 1679.*
Phot. G. de Laubier.

Ces champs de céréales mûres, si beaux à voir, semblent s'étendre à l'infini... Et leurs épis sont si lourds, à maturité, que, à l'image d'un cultivateur évaluant sa fortune, le promeneur est tenté de tendre la main pour palper la richesse dont ils sont porteurs. L'actuelle réglementation du glanage, dans cette région, remonte à la seconde moitié du XIXᵉ siècle. Cette activité, manuelle uniquement, était strictement réservée aux pauvres, aux enfants, aux infirmes et aux femmes indigentes chargées de famille... Derrière les énormes moissonneuses-batteuses, il reste maintenant peu d'épis !

Les villes sont rares sur le plateau du Vexin, mais la longue occupation du sol a laissé un foisonnement d'églises aux clochers romans à flèches de pierre dans le moindre village. Les vallées ont été le refuge des petites exploitations qui se consacrent plus volontiers à l'élevage sur les pentes moins riches. La vallée du Sausseron, joli petit ruisseau à truites, descend du plateau du Vexin et conflue avec l'Oise aux abords du joli village de Valmondois qui a conservé ses maisons anciennes, des jardins et un délicat clocher d'ardoise. Plusieurs peintres y vécurent et La Fontaine y écrivit *le Meunier, son Fils et l'Âne,* au moulin de la Naze. Cette région est dotée d'un grand charme, et ses habitants sont d'une grande courtoisie.

On retrouve encore, à la croisée des chemins, ce vestige tenace du passé qu'est la petite réserve de terre en friche de forme oblongue. La chose de rien, ni la chose de personne, anonyme et collective, où l'on posait les fagots de bois et où l'on a, parfois, dressé un petit calvaire.

Au printemps, cette campagne est fleurie d'aubépines, de lilas et de cytises, auxquels se joignent les fleurs des pommiers et des autres arbres fruitiers. C'est un enchantement. Les sites bocagers de cette région vallonnée, au climat doux et humide, sont pleins de charme. La vallée de l'Aubette, touffue et verdoyante, plantée de peupliers et de saules, paresse devant le château Renaissance d'Ambleville, qui possède de ravissants jardins à l'italienne. L'approche du Vexin normand

△ *Depuis quelques années, le vieux métier d'herboriste connaît un renouveau grâce à la redécouverte des vertus thérapeutiques de plantes.*
Phot. G. Blondeau.

la verseuse
Cette verseuse date du XIXᵉ siècle. Ce type de récipient est l'ancêtre de la cafetière et fut mis au point au Moyen Âge. Il servait à conserver et à verser des boissons chaudes.
Dessin d'après *Arts populaires des pays de France.*
Joël Cuénot éd., Paris.

se fait insidieusement sentir ; peu à peu, la brique rouge devient le matériau de construction d'un ou de plusieurs corps de bâtiments, puis de la ferme entière, c'est la fin du Vexin français.

De l'argile, du gypse et des plâtres

La maison rurale est l'œuvre d'artisans locaux qui trouvaient sur place les matériaux ; elle est adaptée aux conditions géographiques et climatiques du pays, et elle a longtemps opposé ses propres caractéristiques aux influences extérieures. Dans le Vexin, pays de calcaire, ces maisons sont belles et solides, bien appareillées ; le moellon calcaire, l'argile et le gypse se retrouvent dans tous les bâtiments ; l'emploi du grès et de la meulière est beaucoup plus localisé. Parfois, les pierres sont laissées apparentes, mais elles reçoivent, le plus souvent, un enduit de plâtre passé à la taloche, qui les couvre uniformément, en ne respectant que les chaînages d'angle et les encadrements en calcaire taillé. La couleur incomparable de cet enduit, blanc cassé aux nuances variables, est pour beaucoup dans la beauté des maisons du Vexin.

Dans le Parisis, c'est le plâtre qui caractérise à lui seul toute la région, où l'abondance du gypse a favorisé l'extraction d'immenses exploitations modernes ; telle la carrière de Cormeilles-en-Parisis, qui a remplacé les multiples plâtrières minuscules. Ce matériau, cuit au feu de bois dans des fours à plâtre, se trouve mélangé à des particules de charbon qui prolongent la durée du produit et ajoutent à sa valeur esthétique. S'il est mélangé à la chaux grasse, il ne présente plus d'uniformité et il donne aux murs, lorsqu'il est jeté à la truelle, un aspect plus vivant, qui accroche la lumière et modifie les teintes. Dédaigné un temps, le plâtre à l'ancienne connaît à nouveau la faveur de beaucoup d'artisans.

L'architecture du Parisis rural est une architecture d'enduit cachant la maçonnerie médiocre où s'assemblent parpaings de meulière et moellons de grès et de calcaire, voire cailloux de silex. Le plâtre couvre les murs et le bois des linteaux ; il gagne les pignons, les corniches en bois ou en moellons placés en encorbellement. Les tuiles plates des toitures ont remplacé peu à peu le chaume ; elles vont du brun au rose tendre. Cela tient à la variété des argiles utilisées et est commun à toute la région.

La composition des façades est rigoureuse ; les ouvertures se découpent en rectangles réguliers, sans saillies ni décors. Les lignes de ces constructions s'ajustent en ordre continu le long des rues des villages en répétant

▽ *Des brocanteurs et des antiquaires se sont installés dans cette région proche de Paris, très fréquentée par les citadins en fin de semaine.*
Phot. J. Verroust.

le même ordonnancement des ouvertures. Parfois, insérée dans le village, une grande ferme à porche brise cette distribution répétitive. Sur leurs parcelles étroites, la maison du manouvrier et celle du vigneron sont construites au-dessus de la cave et du cellier. Leurs couleurs sont celles des matériaux fondamentaux : le calcaire grossier qui va du gris au brun roux. Les ouvertures sont toujours verticales, plus hautes que larges. Les maisons ont souvent un escalier extérieur, robuste, bien assis et appuyé latéralement contre le mur.

Sur les coteaux bien exposés, la maison du viticulteur groupe sous le même toit cellier voûté et étable au rez-de-chaussée et, à l'étage, la salle commune ou la chambre. De vaste dimension, la cave empiète sur le jardin où elle fait une légère butte. Maisons modestes ou vastes fermes présentent toutes la même rusticité dans les ouvertures. Les lucarnes sont les plus marquantes ; empiétant sur l'égout du toit, elles tranchent énormément sur la toiture, car elles sont traitées en plâtre de la même couleur que celle de la façade. Aucun ornement ne vient modifier la simplicité de cette architecture.

Sur les fertiles plateaux du Vexin et du pays de France, les bâtiments des grandes fermes qui cultivent les terres riches sont des constructions massives, de toutes parts encloses par des murs de pierre et semblables à des forteresses rurales isolées dans la campagne.

Le corps de ferme, d'apparence solide, presque monumental, est bâti en pierre ; les écuries, les étables, surmontées de greniers spacieux qui semblent écraser le rez-de-chaussée, les granges, la maison d'habitation, tout se range autour d'une grande cour dont le fumier occupe le centre parfois encore. Souvent, la maison d'habitation rappelle la maison urbaine par son aspect confortable et élégant ; parfois, une haute cheminée, une machine à vapeur, les fils du téléphone rappellent que ces grands complexes agricoles fonctionnent comme des usines. Souvent, aussi, l'intensification de la production moderne a rendu nécessaire, en dehors de l'enceinte de pierre, la construction de charreteries, de hangars et d'ateliers. Mais l'armature profonde demeure. Groupés en ordre serré, tous les organes vitaux de la ferme demeurent sous l'œil vigilant du fermier qui a peu de pas à faire pour se rendre des uns aux autres selon les impératifs de ses diverses activités.

Le logis du paysan, à la fin du siècle dernier, se composait d'une pièce unique située au rez-de-chaussée, dont la porte s'ouvrait sur une cour intérieure. Le soir, les fenêtres étaient protégées par des volets de bois maintenus clos par un crochet de fer. Une grosse poutre centrale et des solives en bois de chêne mal équarri constituaient le plafond. Le papier de tenture étant à peu près inconnu, c'est le long d'un mur blanchi à la chaux que se trouvait une maie rustique en chêne. Le lit était enfermé dans une alcôve à rideaux au fond de la pièce. Cette seule pièce servait à la fois de cuisine — avec sa vaste cheminée devant laquelle se trouvait une grande table où se prenaient les repas — et de chambre à coucher pour les parents et les enfants. Le grenier à foin, dont la porte s'ouvrait sur le pignon de la maison et auquel on accédait par une échelle, était dans la pièce mansardée au-dessus du rez-de-chaussée. Chaque paysan disposait d'une cave ou d'un cellier pour sa boisson, ses salaisons et ses légumes d'hiver.

▽ *Le Vexin est un pays où les fermes sont opulentes, solides, monumentales, ordonnées autour d'une cour carrée. Certaines sont d'anciens manoirs ; elles en conservent toute l'apparence aristocratique.*
Phot. G. de Laubier.

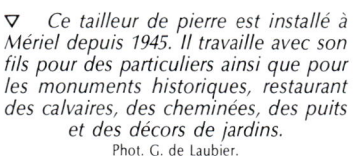

▽ *Ce tailleur de pierre est installé à Mériel depuis 1945. Il travaille avec son fils pour des particuliers ainsi que pour les monuments historiques, restaurant des calvaires, des cheminées, des puits et des décors de jardins.*
Phot. G. de Laubier.

▷ *Dans le parc du château de Villarceaux se trouve un manoir Renaissance qui abrita certaines amours de Ninon de Lenclos (1616-1706). Une tour et une fontaine portent toujours le nom de cette femme libertine (au sens classique du terme), cultivée, et qui sut réunir un cercle de gens d'esprit.*
Phot. G. de Laubier.

le Val-d'Oise 13

LA RESTAURATION DE TAPISSERIE
Travail hors du temps

Depuis sa venue en France, importée d'Orient à la faveur des croisades, la tapisserie fut toujours symbole de richesse, voire de puissance. Utilitaire au Moyen Âge, où son rôle consistait essentiellement à réchauffer les murs des châteaux forts, elle se classa très vite parmi les œuvres d'art.

Protégés par les grands qui firent l'histoire, peintres cartonniers et maîtres lissiers se sont ingéniés, du XVe au XVIIe siècle, à reproduire, en de somptueuses fresques, les événements marquants de leur époque. Reflet émouvant du passé, la tapisserie de cette période représente pour l'homme d'aujourd'hui un document social autant qu'artistique.

Mais la griffe du temps n'épargne rien, pas même les chefs-d'œuvre. Heureusement, le restaurateur, ce médecin des arts, veille à leur bonne santé. Que survienne l'accident, que l'usure apparaisse par plaques lépreuses, et l'on transporte le « patient » en clinique tapissière, pour y recevoir les soins que réclame son état.

Dans son petit atelier de Nesle-la-Vallée, à l'emblème de la Licorne, Dominique Boulanger accueille ainsi des malades chez lesquels, parfois, seul un œil exercé peut soupçonner la magistrale facture originelle.

En guise de témoignage, Dominique exhibe un amas de chiffons douteux qui, déployé, révèle les couleurs pâlies d'une « feuille de choux » du XVIe siècle. La jeune femme s'amuse de notre étonnement de profane :

« Toutes les pièces à restaurer ne nous parviennent pas dans cet état de détérioration avancée, nous dit-elle. Bien qu'il arrive très souvent que l'original soit amputé d'un morceau. Il convient alors de reconstituer l'élément manquant, sans modèle puisqu'il s'agit d'un original. »

Dans *la Chasse au faucon*, magnifique tapisserie exécutée à Tournai vers 1515, toutes les têtes des personnages manquaient, comme gommées par le temps. Restaurée et exposée à Paris, lors de la Biennale des Antiquaires de 1982, cette composition émerveilla par son charme et sa fraîcheur.

Beaucoup de goût et d'imagination sont mis au service d'une telle recréation. Beaucoup d'observation aussi, et un certain attrait pour la recherche, pour l'investigation historique. Il ne faut pas craindre d'explorer les musées. Ainsi, c'est au musée de Cluny que Dominique Boulanger a emprunté à *la Dame à la licorne* le modèle de deux minuscules lapins, complètement effacés dans une pièce à restaurer.

▷ *Dans une partie de l'atelier, deux ouvrières procèdent patiemment à la réfection d'une tapisserie de grand format, une verdure à grandes feuilles d'aristoloche dite « à feuilles de choux », solidement clouée sur deux grosses barres de bois parallèles. Sous leurs doigts déliés, la pièce va retrouver sa luxuriance végétale moyenâgeuse.*
Phot. J.-P. Germain-S.R.D.

△ *Lorsque la chaîne est reconstituée, à l'aide de fils de coton tirés parallèlement et avec une régularité parfaite, on peut procéder à la réfection de la trame. Les duites — des aller et retour entre une douzaine de fils de chaîne avec un fil de laine ou de soie qu'il faudra ensuite tasser contre le rang précédent d'un petit coup de griffe donné de la pointe de l'aiguille — apportent à la tapisserie sa coloration, son relief.*
Phot. D. Lérault-S.R.D.

▽ *La reconstitution de la trame s'exécute également à l'aiguille, et avec une scrupuleuse précision pour que les fils se lient intimement à la partie saine de la tapisserie. Et le réseau de ces fils bien tassés nécessite souvent l'utilisation d'une pince pour tirer l'aiguille piquée par en dessous.*
Phot. D. Lérault-S.R.D.

Comment devient-on restauratrice de tapisseries anciennes ? Pour Dominique, c'est une histoire de famille. Elle relève un flambeau que sa mère a tenu solidement pendant cinquante-quatre ans. Quoique « à la retraite », madame mère est toujours là, incapable de prendre définitivement ses distances avec un métier qui fait encore partie de sa vie. Elle a fondé sa petite entreprise il y a dix ans, en association avec sa fille. Maintenant, six ouvrières, dont deux apprenties, travaillent à l'atelier, sous la seule responsabilité de Dominique. La clientèle a reporté sur la fille la confiance qu'elle accordait à la mère. Des antiquaires, des amateurs d'art font appel à ses talents. L'État passe parfois des commandes : au château de Pau, trois tapisseries ont été restaurées par l'atelier de la Licorne.

Mère et fille se passent à tour de rôle la parole pour raconter les péripéties de la remise en état d'une tapisserie ancienne : le nettoyage, la reconstitution de la chaîne, puis la réfection de la trame. Les tapisseries étant en général de taille imposante, leur restauration s'effectue de façon fragmentaire. « On travaille par petits bouts, précise Dominique. Ensuite, on fait le relais. La restauration totale peut durer des mois... »

Dans le petit atelier, penchées sur leur établi, les ouvrières tirent l'aiguille. Point par point, heure par heure, elles réparent l'outrage que les ans ont infligé à la beauté. Pour le plaisir des yeux, le plaisir du cœur.

△
△ La pièce à remettre en état se présente souvent tristement délabrée, éraillée, parfois en morceaux. Le miracle de la restauration, flagrant sur ces deux manchettes de canapé du XVIIIe siècle, l'une avant, l'autre après, ne peut que forcer l'admiration.
Phot. D. Lérault-S.R.D.

△ Sur fond de tapisserie, les outils du restaurateur : pince à chaîner, dé à coudre, aiguilles, ciseaux. Pour la tapisserie ancienne, les matériaux ne varient pas, uniquement des soies naturelles et des laines achetées brutes et teintes à la demande.
Phot. D. Lérault-S.R.D.

◁ Dans l'atelier de la Licorne, Dominique Boulanger et sa mère conseillent, bien sûr, mais tirent aussi l'aiguille. La restauration d'une grande tapisserie permet un travail fragmentaire, plusieurs personnes œuvrant simultanément de chaque côté du support. Travail minutieux, de longue haleine, pour réparer, point par point, les cruelles atteintes du temps.
Phot. J.-P. Germain-S.R.D.

△ À Beaumont-sur-Oise, la maison Paquet et fils, créée en 1846, est la dernière en France à fabriquer des métronomes, ce petit appareil si précieux aux musiciens, mis au point en 1816. Employant aujourd'hui 16 personnes, elle construit aussi des tabourets de piano et des pupitres.
Phot. G. de Laubier.

Maréchal-ferrant, soigneur et tonnelier

Le vallon qui entaille le plateau abrite quelques villages campagnards où l'on trouve encore des maréchaleries avec leur enseigne dite « du bouquet de saint Éloi ». C'est un ouvrage forgé avec un assortiment de tous les fers possibles disposés en panoplie, soudés et rivés les uns aux autres.

Entouré souvent des spectateurs attentifs que sont les enfants, le maréchal-ferrant saisit et maintient entre ses jambes la patte du cheval, préalablement attaché. Un rogne-pied en main, il se penche sur le sabot qu'il

▽ *Il existe trois modèles de métronomes : à boîtier en bois, à boîtier en plastique et le « Tempocket ». Mais, depuis l'année dernière, l'électronique a fait son apparition dans ce domaine avec un nouveau type d'appareil, le « Diatone ».*
Phot. G. de Laubier.

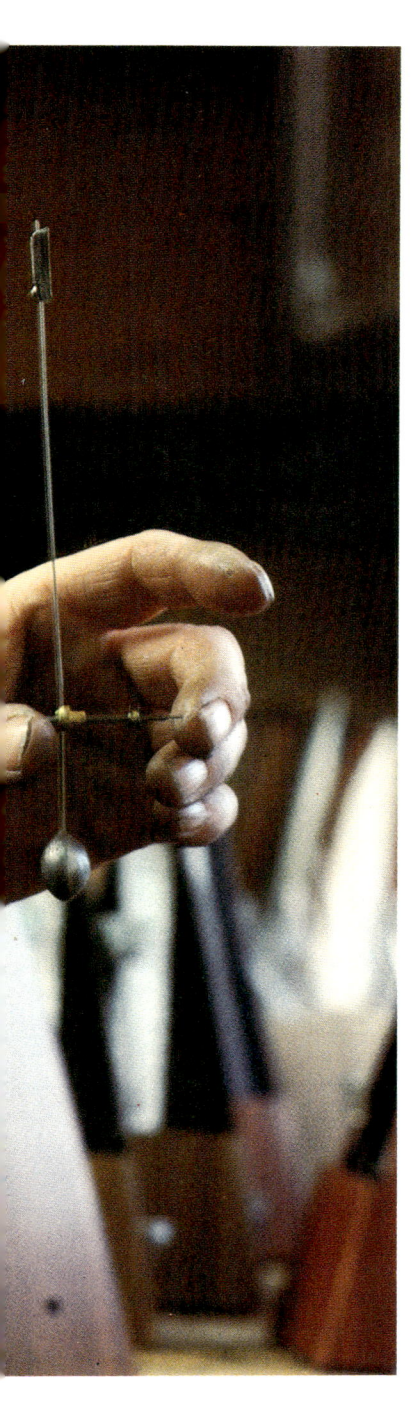

◁ *En 1977 s'ouvrait à Wy-dit-Joli-Village le musée de l'Outil. Il ne ressemble pas tout à fait aux autres musées d'arts et traditions populaires ; il est le résultat d'une passion, celle de Claude Pigeard, un ancien carrossier. Collectionneur-né, cet homme a voulu faire connaître et partager son enthousiasme pour les vieux outils et les instruments agricoles ; il a lui-même construit et imaginé les salles d'exposition. Certains jours, sur demande préalable des visiteurs, il allume même la vieille forge et travaille le fer.*
Phot. G. Blondeau.

le Val-d'Oise 17

nettoie, dans un premier temps ; puis il s'emploie à préparer un plan horizontal en taillant de fins copeaux dans la corne du sabot. Le fer, chauffé au rouge, brûle cette corne, qui dégage une odeur âcre. Ensuite, il faut attacher le fer avec huit clous qui s'enfoncent au brochoir et tailler les pointes pour les river. Pendant tout ce temps, le maître a parlé et il a flatté son cheval pour le rassurer. Il existe plusieurs sortes de ferrures ; elles varient selon les habitudes et la conformation des animaux. Les clous pour fer à cheval étaient faits à la main par des cloutiers, artisans spécialistes, dans un atelier rudimentaire. Le maréchal-ferrant travaillait douze heures par jour. Il lui fallait, avec un compagnon, forger soixante fers ou ferrer trente pieds... Tous les charrois se faisant à l'aide de chevaux, le travail était considérable. Pour se protéger des braises, le maréchal travaillait en sabots de bois, manches de chemise retroussées et protégé par un tablier de cuir ; il en attachait les brides avec une agrafe ornée d'un motif de bronze représentant souvent une tête de cheval. Le compagnon maréchal devait savoir fabriquer lui-même son jeu d'outils.

Le maréchal-ferrant faisait aussi souvent office de soigneur. Il est, peu ou prou, l'ancêtre du vétérinaire. Cet homme connaissait de vieux secrets qui l'aidaient à soigner les animaux. Ses compétences lui servaient quelquefois à soigner des humains. On lui amenait des enfants frappés de convulsions ; le petit malade était placé, nu, sur l'enclume, que le maréchal martelait violemment à côté du corps ; puis il posait doucement un fer froid sur la peau du patient qui hurlait de peur. Les vibrations de l'enclume, la contraction et la décontraction des nerfs provoquaient souvent la guérison. Sur les brûlures, il procédait à l'application d'une

▽ *On pratique l'aviron sur l'Oise, notamment à Argenteuil, à Butry, à Enghien et à Saint-Ouen-l'Aumône.*
Phot. M.-L. Maylin.

pommade obtenue en faisant bouillir ensemble de la cire vierge, du saindoux et un morceau de la seconde écorce du sureau.

On peut encore évoquer le tonnelier de village dont les ancêtres participèrent à l'approvisionnement en vin de Paris dès avant 1280. Il est aisé de penser qu'il utilisait le bois des chênes des forêts avoisinantes. Les arbres étaient débités et fendus sur le lieu d'abattage, dans le sens médullaire des troncs. Stockés pendant l'hiver qui suivait la coupe, ils restaient de longs mois à l'air libre, puis sous abri, avant d'être utilisés. Les outils employés actuellement par les rares artisans n'ont pas changé ; ils sont hérités des parents, ou faits à la commande. Les opérations principales nécessaires à la fabrication de ces tonneaux demandent une main experte ; nous ne les décrirons pas, mais nous les évoquerons pour la beauté des mots : le dolage, travail des douelles pour leur enlever de l'épaisseur ; le cerclage des douelles et leur rivetage à la « bigorne » ; enfin, le jallage, consistant à faire des rainures dans les douves des tonneaux pour y enchâsser le fond.

Des jeux de force, des jeux d'adresse

À Montmorency, on pratiquait le tir à l'arc horizontal, qui emploie des cibles et des flèches pointues. L'organisation de l'archerie, en France, remonte aux compagnies d'archers, mi-civiles, mi-guerrières, créées par

△△ *À Cergy-Neuville, les anciennes gravières situées dans la boucle de l'Oise ont été aménagées en base de loisirs. On peut y pratiquer la baignade, les sports et les jeux nautiques, ainsi que la pêche, dans une zone située à l'écart de l'agitation et du bruit.*
Phot. C. Voulgaropoulos.

△ *Autrefois, les zones réservées uniquement aux jardins étaient nombreuses dans la région parisienne ; à Saint-Ouen-l'Aumône, il existe encore un vaste terrain de 35 000 m², racheté par l'« Association du cheminot » et divisé en parcelles de 300 à 350 m² que les locataires cultivent à leurs heures de loisirs.*
Phot. D. Lérault.

le Val-d'Oise 19

un peu de toponymie

Bezons : s'appelait Vezonno au VIIe siècle et Bezuns au XIIIe siècle. Du radical pré-indo-européen *ves*, « montagne ».

Deuil-la-Barre : Deuil, d'un adjectif gaulois *devo*, « divin », et du suffixe gaulois *ialo*, « clairière », « champ ».

Domont : s'appelait Doomons en 1119, du nom d'un homme germanique, Dodo.

Écouen : du nom d'un homme gaulois, Scotus, suivi du mot gaulois *magos*, « marché ».

Enghien-les-Bains : a pour origine Enghien, en Hainaut belge, dont les Condés portaient le titre.

Garges : peut-être du germanique *wardja*, « endroit de garde ».

Groslay : peut-être du latin *graulus*, « corbeau » (endroit fréquenté par les corbeaux).

Roissy-en-France : s'appelait Rosiaco au XIIIe siècle, du nom d'un homme latin, Roscius.

Sannois : au XIIe siècle s'appelait Centinodium, du latin *centinodia*, « renouée des jardins ».

D'après le *Dictionnaire étymologique des noms de lieux en France* d'Albert Dauzat et Charles Rostaing. Librairie Guénégaud.

▷ *Enghien, la « station thermale » de Paris, est aussi la seule ville à proximité de la capitale possédant un casino. Ce lieu, très mondain au XIXe siècle, conserve une certaine élégance — non dépourvue de nostalgie — avec ses belles avenues et son champ de courses.*
Phot. G. Blondeau.

Charles VII. Le tir à l'arc, exercice sportif, s'est perpétué à travers les âges ; en 1899, fut créée la Fédération des Compagnies d'arc de l'Île-de-France devenue, en 1911, Fédération des Compagnies d'arc en France. Les archers de notre temps sont groupés en compagnies, avec un capitaine, un lieutenant, un prévôt, etc. De plus, des rites secrets président à l'admission des nouveaux chevaliers ; des cérémonies et des fêtes traditionnelles se répartissent au long de l'année.

Le jeu de la balle au tamis, déjà cité dans des documents du XVe siècle, est encore pratiqué en de nombreux points de l'Île-de-France. Il semble, toutefois, en régression. Il présente des variantes de technique d'une région à l'autre. Le terrain, place ou rue de village, est rectangulaire : selon les cas, 60 à 100 m de long sur 13 m — si possible — de large, et il est divisé en deux parties inégales par une ligne appelée « corde ». Dans le Val-d'Oise, le tamis est carré et garni de boyaux. Les balles sont faites, sous leur enveloppe de cuir blanc, soit de pelotes d'étoffe, soit de sable, crin ou ficelle. Le lanceur — ou tireur — fait rebondir la balle sur le tamis avant de l'envoyer avec sa main, nue ou gantée, dans le camp adverse. Chaque camp est composé de huit ou neuf joueurs, et la technique du jeu est semblable à celle de la pelote basque.

La boule parisienne — ou boule des berges — n'est pratiquée que dans l'Île-de-France. Le terrain, de fine terre, soigneusement damé et entretenu, a de 28 à 32 m de long sur 2 m de large et est limité par deux berges incurvées, en ciment. La partie se fait en 15 ou 21 points. Les boules, striées, sont en bronze ou en acier inoxydable ; le cochonnet, en acier plein. Quant à l'ardeur des joueurs, elle pourrait être provençale !

Fête païenne, fête chrétienne

Depuis un temps très reculé, le 23 juin, veille de la fête de saint Jean, dans la soirée, les jeunes garçons du village parcourent les rues, recueillant ici un fagot de bois, là, deux, ailleurs, quelques branches, qu'ils transportent sur des brouettes près de la fontaine Saint-Romain, sur la route de Guiry-en-Vexin. Le bois s'entasse sur un bûcher que surmonte une perche portant à son extrémité une couronne de fleurs. Bientôt, le prêtre arrive, revêtu de ses habits sacerdotaux, accompagné de ses enfants de chœur et de jeunes filles portant des bannières. Une partie de la population suit. L'officiant bénit le bûcher, l'allume, en fait le tour avec l'encensoir, cependant que les assistants chantent des cantiques. Le foyer consumé, beaucoup s'emparent d'un tison fumant qu'ils rapportent précieusement chez eux et qu'ils conservent, parce qu'en cas d'orage, ce charbon préserve de la foudre.

Autrefois, on cultivait la vigne sur les coteaux. Le ginglet de Cergy, petit vin aigrelet, était réputé. Il se dégustait à la Saint-Martin, avec des harengs grillés. Les vignes ont disparu, mais la tradition demeure.

Terminons sur une note d'humour local avec l'expression bien connue « revenir de Pontoise » qui serait due à l'aventure suivante. Marguerite de France avait fait construire les oubliettes de son château de Pontoise par Raymond, architecte du roi, qui, méfiant, avait ménagé une sortie.

Ainsi, quand, à la suite d'intrigues, il fut précipité dans ces oubliettes avec plusieurs seigneurs, ils s'échappèrent. Plus tard, Marguerite fut bien étonnée devant ces « revenants » de Pontoise. ■

Essonne

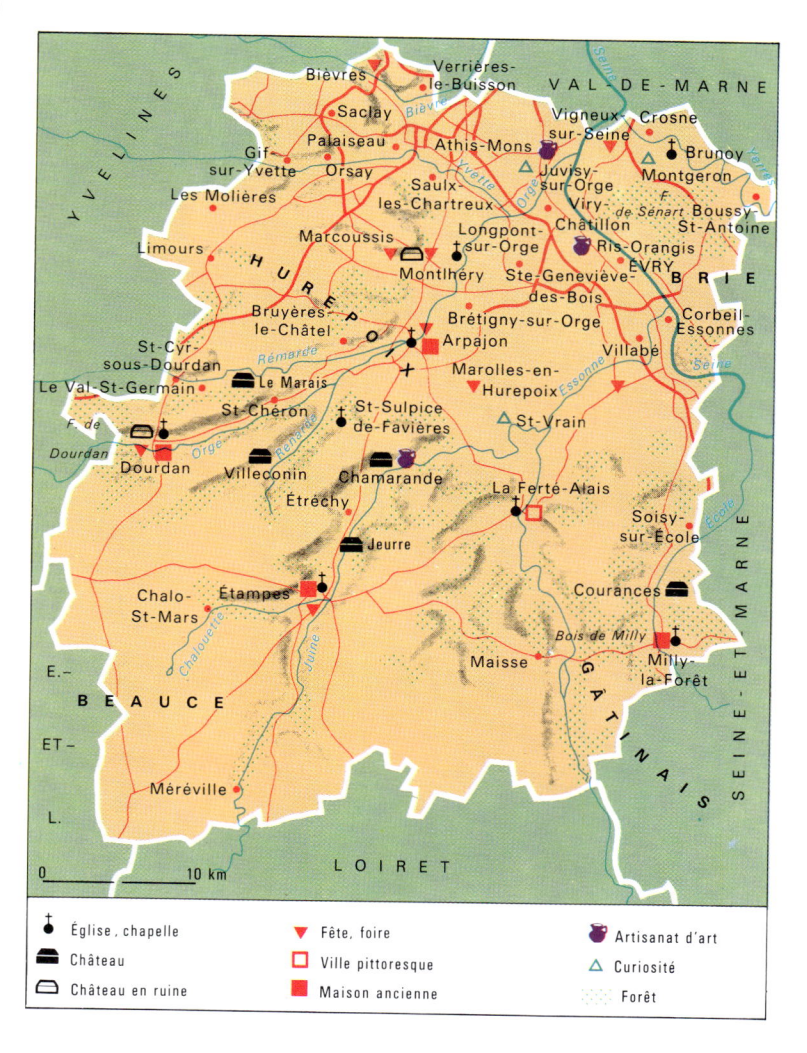

Légende

- ✝ Église, chapelle
- ▬ Château
- ⌒ Château en ruine
- ▼ Fête, foire
- □ Ville pittoresque
- ■ Maison ancienne
- 🏺 Artisanat d'art
- △ Curiosité
- Forêt

Localités

Bièvres, Verrières-le-Buisson, Saclay, Palaiseau, Vigneux-sur-Seine, Crosne, Gif-sur-Yvette, Orsay, Athis-Mons, Juvisy-sur-Orge, Brunoy, Montgeron, Les Molières, Saulx-les-Chartreux, Viry-Châtillon, Boussy-St-Antoine, Limours, Marcoussis, Longpont-sur-Orge, Ris-Orangis, ÉVRY, Montlhéry, Ste-Geneviève-des-Bois, Bruyères-le-Châtel, Brétigny-sur-Orge, Corbeil-Essonnes, St-Cyr-sous-Dourdan, Arpajon, Marolles-en-Hurepoix, Villabé, Le Val-St-Germain, Le Marais, St-Chéron, St-Sulpice-de-Favières, St-Vrain, Dourdan, Villeconin, Chamarande, La Ferté-Alais, Soisy-sur-École, Étréchy, Jeurre, Courances, Chalo-St-Mars, Étampes, Maisse, Milly-la-Forêt, Méréville

Régions voisines

YVELINES, VAL-DE-MARNE, HUREPOIX, BRIE, BEAUCE, GÂTINAIS, SEINE-ET-MARNE, LOIRET, E.-ET-L.

Bois de Milly, F. de Sénart, F. de Dourdan

0 — 10 km

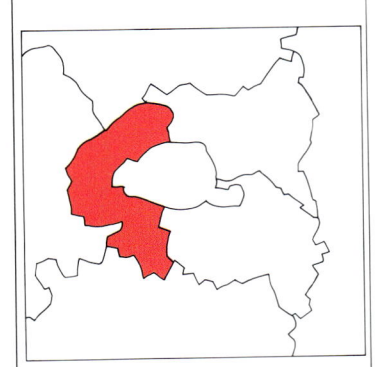

Hauts-de-Seine

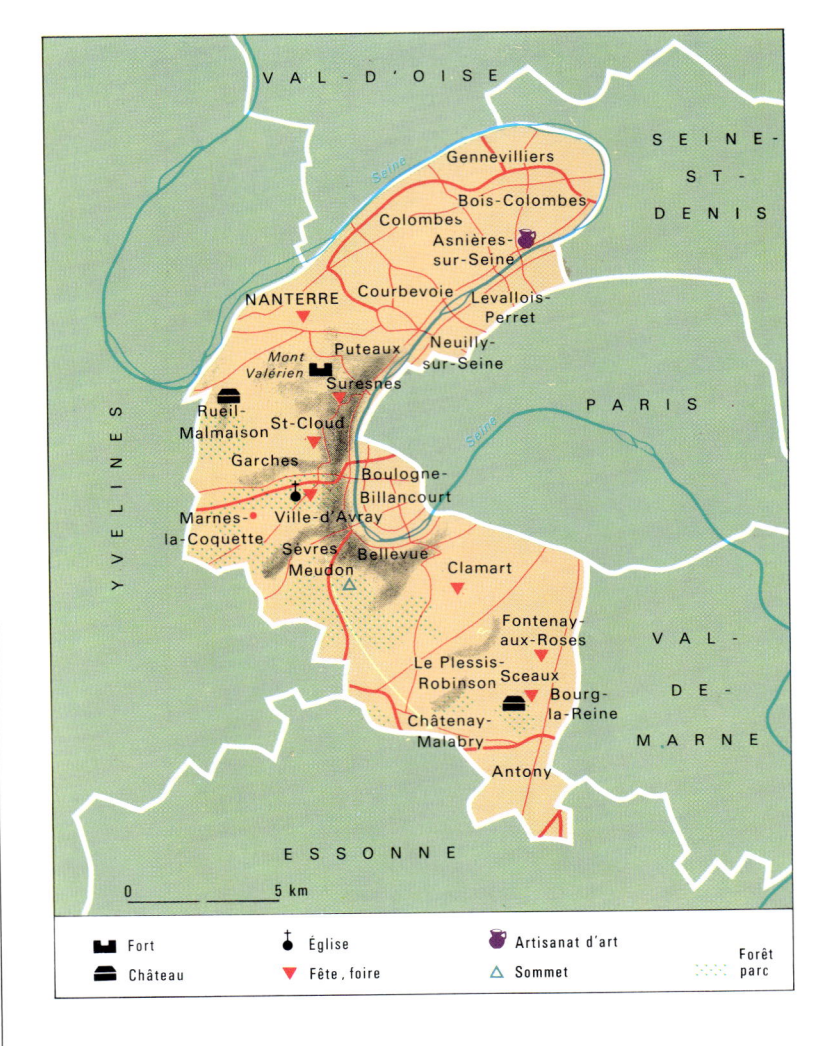

Yvelines

Paris

Seine-et-Marne

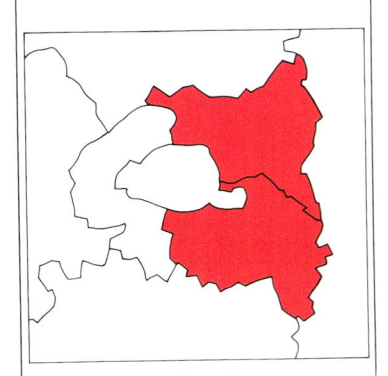

Seine-Saint-Denis
Val-de-Marne

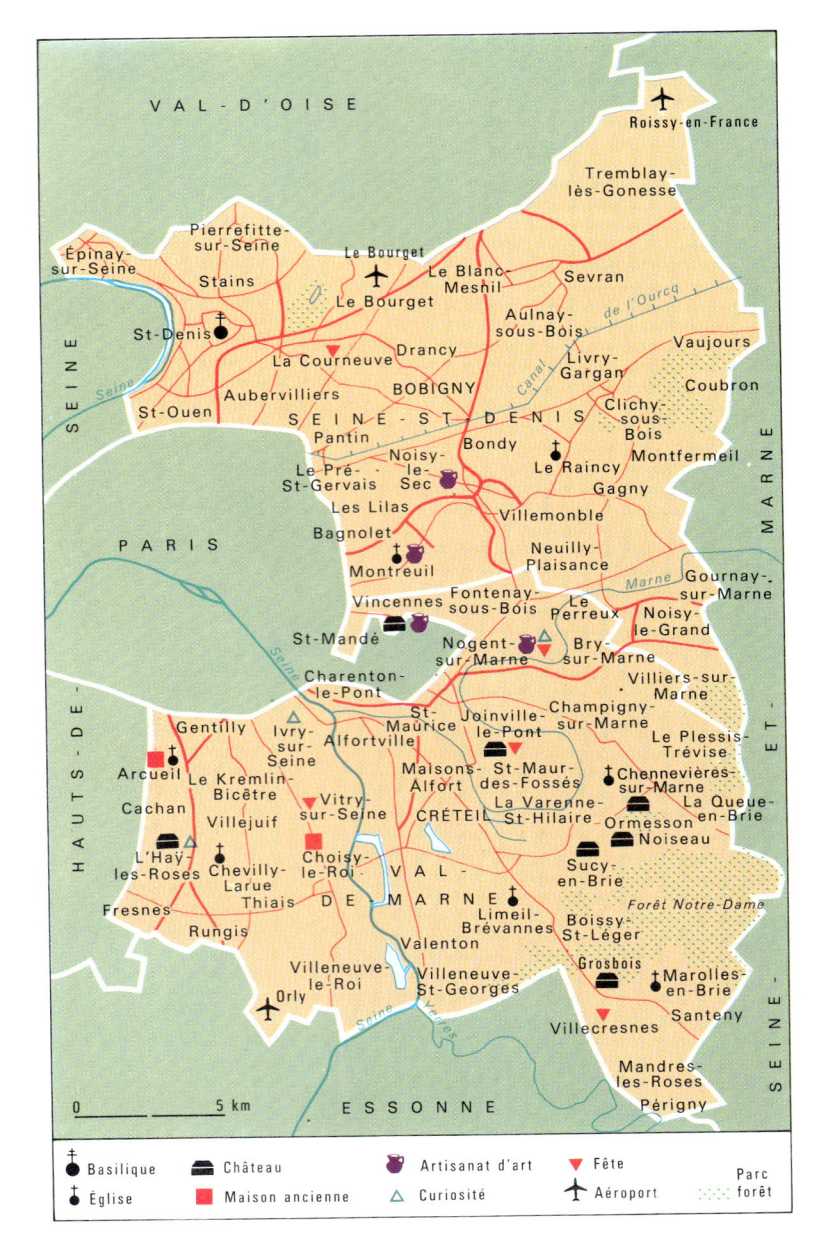

Val-d'Oise

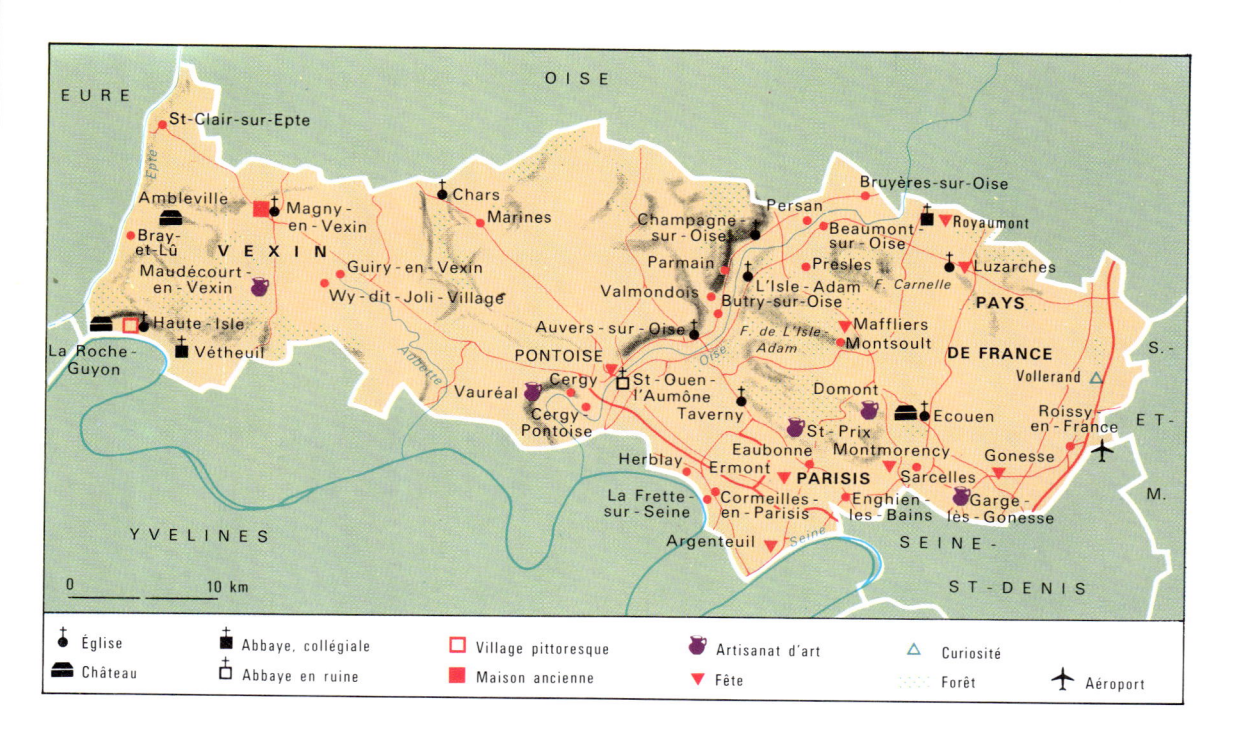